Entschwundene Zeit!
Erst das Heute lehrt, was in deinem Damals
des Kampfes wert oder unwert war.

Marie von Ebner-Eschenbach, um 1900

Harald Saul

Familienrezepte aus dem Sudetenland

Geschichten und Rezepte aus alter Zeit

VERLAG FÜR DIE FRAU
BUCH

Titelabbildung:
Der Gastwirt und Koch Karl Theodor Fischer,
seine Mitarbeiter und Gäste, Freiwaldau 1914

ISBN 3-89798-125-4
2. Auflage 2005

Gesamtgestaltung: Lore Jacobi, Jesewitz
Satz und Reproduktion: Lore Jacobi, Jesewitz
Gesamtherstellung: sachsendruck GmbH, Plauen

Printed in Germany

www.buchverlag-fuer-die-frau.de

Inhalt

Vorwort

Meine erste Bekanntschaft mit dem Sudetenland liegt weit zurück. Um 1968 lernte ich im thüringischen Sonneberg Frau Dudek kennen, die einen für diese Gegend ungewöhnlichen Dialekt sprach. Die Umsiedlerin aus dem Sudetenland kochte bei einem Gastwirt oberhalb des Sonneberger Juttaplatzes vor allem deftige thüringische Gerichte, aber auch ihre Buchteln und ihr Kleckselkuchen waren ein Geheimtipp unter der Stammkundschaft. Sie sprach nicht gern über ihr Schicksal, aber ich wollte mehr wissen und unterhielt mich oft mit ihr über „die alten Geschichten", wie sie es immer bezeichnete.

Zu DDR-Zeiten konnte ich nicht viel über die Vertreibung in Erfahrung bringen, da dieses Geschichtskapitel zu den Tabuthemen gehörte. Doch ich spürte, dass etwas Unrechtes geschehen sein musste. Umsiedlern, die ich ansprach, fiel es schwer, über ihre Erlebnisse in der Nachkriegszeit zu berichten. Gern folgte ich deshalb nach dem erfolgreichen Start meiner Reihe „Familienkochbücher" der Anregung, auch die gesammelten sudetendeutschen Materialien aufzubereiten und mich intensiv mit dem Sudetenland zu beschäftigen.

Als Sudeten wird in erster Linie ein Mittelgebirgszug bezeichnet, der sich auf einer Länge von 300 km zwischen der Zittauer Bucht (Lausitzer Gebirge) im Westen bis zur Mährischen Pforte im Osten erstreckt. Er gliedert sich in mehrere Gebirge, wie das Iser- und Riesengebirge im Westen oder das Adler- und Altvatergebirge im Osten. Alle diese Gebirge wurden seit dem Mittelalter von deutschen Bauern und Bergleuten erschlossen. Über viele Jahrhunderte hinweg lebten Deutsche und Tschechen in friedlicher Nachbarschaft. Als man nach dem Ersten Weltkrieg nach einer gemeinsamen Bezeichnung der damals in Böhmen, Mähren und Mährisch-Schlesien lebenden 3,3 Millionen Deutschen suchte, wählte man den Begriff Sudetendeutsche, der auch Eingang in die Politik fand.

Das Sudetenland umfasste insgesamt eine Fläche von ca. 28 000 Quadratkilometern. Dazu gehörten neben den Randgebieten von Böhmen und Mähren auch Sudeten- oder Mährisch-Schlesien, jener kleine Teil Schlesiens, der 1763 nach dem Siebenjährigen Krieg zwischen Österreich und Preußen bei Österreich verblieb, sowie verschiedene deutsche Sprachinseln (z.B. in Iglau, Konitz, Brünn, Wischau oder Olmütz).

Das Verhältnis zwischen Deutschen und Tschechen veränderte sich mit Beginn des 20. Jahrhunderts, als sich der nationale Konflikt immer mehr zuspitzte. Historische Ereignisse mit weitreichenden Folgen für das Verhältnis zwischen Deutschen und Tschechen markierten der Erste Weltkrieg, die Gründung der Tschechoslowakischen Republik 1918, das Münchner Abkommen 1938 sowie die Vereinnahmung der tschechischen Gebiete als ‚Reichsprotektorat Böhmen und Mähren' unter Adolf Hitler. Der Zweite Weltkrieg und die Verbrechen des nationalsozialistischen Regimes steigerten den Hass auf alle Deutschen. Nach Kriegsende brach sich dieser Hass Bahn in der vielerorts mit großer Grausamkeit durchgeführten Zwangsausweisung der alteingesessenen deutschen Bewohner.

KARLSBAD

TEPLITZ-SCHÖNAU

FRIEDLAND

REICHENBERG

GABLONZ

EGER

MARIENBAD

BRÜNN

OLMÜTZ

STERNBERG

Was Generationen in Jahrhunderten aufgebaut hatten, musste in Stundenfrist mit Koffer und Rucksack verlassen werden. Im Zuge dieser Vertreibung verloren zwischen 1945 und 1946 fast 3 Millionen Sudetendeutsche ihre Heimat. Zahlreiche Todesopfer waren zu beklagen. Die Überlebenden wurden in die sowjetische bzw. amerikanische Besatzungszone, nach Sachsen, Thüringen, Mecklenburg oder nach Bayern abgeschoben. Nur wenige Sudetendeutsche konnten sich der Vertreibung entziehen. Ihre Kinder sind der deutschen Sprache kaum noch mächtig.

Heimat ist ein oft und von vielen Menschen heute doch recht oberflächlich gebrauchtes Wort. Wie wichtig die Geborgenheit und Wärme eines Zuhauses sind und wie schmerzlich man es vermisst, erlebte ich einmal mehr bei den Begegnungen mit Menschen aus dem Sudetenland, die ihre Heimat verloren haben, aber nicht ihre Erinnerungen. Ich erfuhr berührende Einzelschicksale. Manche ehemalige Sudetendeutsche haben in einer neuen Heimat ihr Glück gefunden, andere fühlen sich – auch nach nun fast 60 Jahren – entwurzelt, vereinsamt und verbittert in ihrer Umgebung.

Das zentrale Thema meiner historischen Geschichtenbücher ist das Kochen. Viele ehemalige Sudetendeutsche begannen nach einer gewissen Übergangszeit wieder nach ihren traditionellen Rezepten zu kochen, selbst wenn es seinerzeit schwer war, die typischen Zutaten wie z.B. saure oder süße Sahne zu beschaffen.

Eine Fülle klassischer, in manchen Familien mit sudetendeutschen Vorfahren noch immer beliebte Speisen habe ich kennen gelernt und ausprobiert. Die Küche im Sudetenland beruht auf den Traditionen der verschiedensten Landstriche und der heimischen Bevölkerung. Hier vermischen sich auf schmackhafte Weise sächsische, böhmische, schlesische, österreichische und bayrische Einflüsse, je nach Nähe der sudetendeutschen Region zum anliegenden Grenzland. Fruchtige Obstknödel erinnern an österreichische Marillenknödel, deftige Kartoffel- oder Speckknödel und süße Quarknocken weisen böhmische Wurzeln auf; Kartoffelpuffer, Gezn und Buchteln haben sächsische Verwandte. Die Nähe zu Schlesien zeigen Gänseleber und Sauerkrautsuppe. Einfach und bodenständig sind die meisten der sudetendeutschen Gerichte. Was Wald und Feld, der eigene Garten und Stall boten, wurde verarbeitet. Wildgerichte fehlen im Speiseplan, dafür gibt es Fischspezialitäten, Deftiges von Rind, Schwein und Hammel.

Die Rezepte dieses Buches konzentrieren sich – den Familienschicksalen folgend – vor allem auf die grenznahen Gebiete zu Sachsen, da hier der Schwerpunkt meiner Sammeltätigkeit lag. Aber auch berührende Schicksale und originelle Rezeptproben aus Mähren und der Budweiser Gegend konnten aufgenommen werden.

Die hier vorgestellten Familienrezepte aus dem Sudetenland sollen so – wie auch meine Sammlungen zur ostpreußischen und schlesischen Küche – individuelle Aspekte der Küchenkultur wiedergeben. Sie folgen dem Anspruch, die Vergangenheit zu bewahren und für die Nachgeborenen lebendig zu halten. Mein herzlicher Dank gilt allen, die mitgeholfen haben, dass dieses Buch entstehen konnte.

Harald Saul

Spezialitäten aus der Bäckerei Richard Prousa in Grünwald an der Neiße

Hochzeit 1926:
Richard und Maria Prousa,
geborene Linke

Die Prousas folgten mit ihren drei Kindern nicht dem Weg vieler Sudetendeutscher aus Gablonz ins damalige Westdeutschland, sondern versuchten es in der sowjetischen Besatzungszone, obwohl bei Kaufbeuren in der Nachkriegszeit ein Neugablonz gegründet wurde, wo sich auch Verwandte der Prousas niederließen.

Seit 1980 kenne ich Marianne und Jürgen Krause aus Pößneck. Marianne Krause, geborene Prousa, stammt aus Grünwald, einem Ortsteil von Gablonz (Jablonec nad Nisou). An den Ort

ihrer Kindheit hat sie fast keine Erinnerung mehr. Nur der Tag der Vertreibung ist ihr unvergesslich im Gedächtnis geblieben.
Manchmal fuhr ich mit den Krauses übers Wochenende nach Pößneck, wo es am Haus von Mariannes Eltern in der Jenaer Straße immer etwas zu heimwerkern gab. Das Haus der alten Prousas empfing den Besucher mit angenehmer Kühle und der Duft nach ganz frisch Gebackenem und Kaffee hingen in der Luft. Backen war die große Leidenschaft des über 80jährigen einstigen Bäckermeisters aus dem Sudetenland.
Richard Prousa, 1899 in Lautschnei geboren, war Bäcker wie sein Vater und führte seit 1918 die elterliche Bäckerei Grünwald, Auf der Hütte Nr. 100, mit größtem Erfolg.
Im Juli 1945 erfolgte die Ausweisung. Innerhalb weniger Stunden hatte die Familie mit dem 12jährigen Richard und den 4jährigen Zwillingsschwestern Margit und Marianne die gutgehende Bäckerei zu räumen und den hauptsächlich von Vater Richard in harter Arbeit geschaffenen Besitz zu verlassen. Jeder durfte nur 30 Kilogramm des eigenen Hab und Gutes mitnehmen. Die beliebte Bäckerei übernahm der tschechische Bäckergeselle.
Die Familie Prousa wandte sich zunächst nach Zittau; vier Wochen später mussten sie sich entscheiden, ob sie im Osten oder Westen Deutschlands leben wollten. Als Vater Richard von einem Freund hörte, dass in Jena ein tüchtiger Bäcker gesucht wurde, zog die Familie dorthin. Bis 1950 lebten die Prousas in der Saalestadt, dann entdeckte der Bäcker in der Zeitung ein Stellenangebot, in dem ein Meister für Keksfabrikation von der Schokoladenfabrik Berger im thüringischen Pößneck gesucht wurde.
Der sudetendeutsche Bäckermeister Richard Prousa bewarb sich und wurde eingestellt. Die Bäckerfamilie zog nach Pößneck. Ab 1955 hieß die Firma dann Berggold, 1961 kamen die Schokoladenfirmen Berggold und Rotstern unter dem Namen VEB Thüringer Schokoladenwerke zusammen und blieben bis zur Wende vereint. Heute gibt es die beliebten süßen Sachen im Schokoladenwerk Berggold GmbH weiterhin – zur Freude vieler Naschkatzen.
Die drei Bäckerskinder fanden ihr Glück in ihren Familien und in der Arbeit. Sohn Richard war neben seiner eigentlichen beruflichen Tätigkeit ein in Thüringen sehr bekannter Freizeit-Schmalfilmer. Als Rentner lebt er heute in Jena. Marianne Krause und Margit Prousa sind auch als rüstige Rentnerinnen in Pößneck geblieben und immer unterwegs.
Gablonz und die Stätten ihrer Kindheit bleiben ihnen in plastischer Erinnerung – der Vater in der Backstube stehend und die Mutter im Geschäft.

Die neue Bäckerei von Richard Prousa in Grünwald 1935

Schweißtreibendes Handwerk: Blick in die Backstube, 1944

Die drei Bäckerskinder –
letztes Bild aus der alten Heimat im Frühjahr 1945

R.PROUSA

ehelfslieferwagen
Richard Prousa
Zwieback

Grünwald um 1940

Grünwalder Teeplätzchen

250 g Weizenmehl,
125 g Butter,
1 Ei,
75 g Zucker,
1 TL abgeriebene Zitronenschale,
Johannisbeergelee nach Bedarf zum Einstreichen,
Puderzucker zum Bestreuen der Plätzchen

Das Weizenmehl in eine Schüssel sieben und die Butter in Flöckchen auf das Mehl geben. Dann das Ei und den Zucker zufügen, zuletzt die abgeriebene Zitronenschale. Alles gut verkneten und eine halbe Stunde kühl stellen.

Den Teig ausrollen und mit einem Weinglas Kreise ausstechen. Backbleche mit Backpapier auslegen und mit den Teigkreisen belegen. Bei Mittelhitze die Plätzchen goldgelb backen. Sofort, nachdem sie in der Backröhre Farbe angenommen haben, mit dem Johannisbeergelee bestreichen. Zusammenklappen und mit Puderzucker dick bestreuen.

Grünwalder Wickel-Mohnkuchen

<u>*Teig*</u>
1,5 kg Weizenmehl,
100 g frische Hefe oder 2 Päckchen Trockenhefe,
1/4 l Milch, 250 g Butter, 250 g Zucker, 1 Prise Salz,
Saft und abgeriebene Schale von 1/2 Zitrone, 2 Eier

<u>*Füllung*</u>
40 g Butter, 20 g Weizenmehl,
200 g Mohn, in der Milch einweichen, 1/4 l Milch,
125 g Rosinen, in Wasser einweichen, abtropfen lassen,
50 g Zitronat, hacken, 50 g süße Mandeln, abziehen und hacken,
1 Prise Zimt

Den Hefeteig wie üblich zubereiten und an einen warmen Ort zum Ruhen stellen. Für die Füllung die Butter in einem großen Topf zerlassen, dann mit dem Mehl beginnend alle anderen Zutaten nacheinander zufügen. Die Füllung so lange unter Hitze rühren, bis diese fest wird. Den Teig zu einem offenen Kranz ausrollen und noch einmal gehen lassen. Dann die Füllung hineingeben und alles zusammenrollen. Mit Eigelb bestreichen. Bei 180 Grad Umlufthitze goldgelb backen.

Marianne Prousas Großeltern, Heinrich und Rosa Linke,
vor ihrer Gürtlerei, Grünwald um 1925

Der Prousa-Zwieback mit Guss – ein Schlager

<u>Teig</u>
500 g Weizenmehl,
30 g Hefe,
1/4 l Milch,
5 g Salz,
40 g Zucker,
80 g Butter oder Fett

<u>Guss</u>
100 g Butter,
100 g Zucker,
1 Päckchen Vanillezucker

Wie gewohnt aus den Zutaten (bis auf die Butter) einen Hefeteig zubereiten und diesen zugedeckt an einem warmen Ort ca. eine Stunde gehen lassen.
Die Zwiebäcke werden lockerer, wenn man den Teig zweimal gehen lässt. Dann erst die Butter unterkneten, jetzt die Zwiebäcke kneten und in die Endform bringen. Nochmals gehen lassen und dann bei Mittelhitze (180 Grad) goldgelb backen.
Für den Guss die geschmolzene Butter mit Zucker und Vanillezucker mischen. Auf die noch warmen Zwiebäcke streichen.

Kekse nach Prousas Art

1 Ei,
60 g Zucker,
1 Prise Salz,
Saft einer viertel Zitrone,
60 g zerlassene Butter,
250 g Weizenmehl,
1 Prise Hirschhornsalz

Die Zutaten verrühren, zu einem Teig kneten und dünn ausrollen. Mit einem Weinglas Plätzchen ausstechen. Backblech mit Backpapier auslegen und darauf die Plätzchen geben. Kekse mit einer Gabel einstechen und bei Mittelhitze in 10 Minuten goldgelb backen.

Gablonz um 1900

Die Grünwalder Nachwuchs-Feuerwehrleute 1930

Das Kochbuch von Familie Friedland aus Gablonz

Helene Friedland mit Sohn
Eberhardt im Juni 1921
in Reichenberg

Als einziges Kind liebevoller Eltern verlebte Helene Friedland eine wunderschöne Kindheit. Vater Josef arbeitete in der Glasperlenfabrik in Gablonz, Mutter Hella half als Köchin bei größeren Feiern in der Gaststätte „Zur schönen Aussicht“ in Ober-Josefsthal bei Gablonz aus.
Gablonz, das seinen Namen von „jablon“ (Apfelbaum) ableitet und einen Apfelbaum im Stadtwappen trägt, war zunächst ein Leineweberort. Nach den Hussitenkriegen brachten deutsche Ansiedler das Glashandwerk mit, die erste Glashütte nahm 1548 ihren Betrieb auf. Mitte des 18. Jahrhunderts begann mit der vorwiegend für den Export bestimmten Schmuckwarenherstellung der kometenhafte Aufstieg der Gablonzer Unternehmen.

Der Glasperlenmacher Josef Friedland verstarb 1906 an einer nicht richtig auskurierten Lungenentzündung. Seine Witwe Hella Friedland zog mit der 15jährigen Helene zu Verwandten nach Ruppersdorf, nahe Reichenberg (heute Liberec).
Die Mutter verdiente als Haushälterin eines leitenden Beamten der deutschen Bibliothek den Lebensunterhalt, während ihre Tochter in einer Hauswirtschaftsschule in Reichenberg lernte. Die strenge Lehrerin Fräulein Knoth brachte den Mädchen Kochen, Nähen und gründliches Putzen bei. Fräulein Knoth schenkte Helene am Ende ihrer Lehrzeit ein großes leeres Kochbuch, das sie ganz in ihrem Sinne mit traditionellen oder eigenen Rezepten füllen konnte. Zwischen 1908 und 1942 sammelte Helene Friedland insgesamt 268 Rezepte. Das letzte Rezept stammt vom 23.12.1942 und die feine Schrift ist verwischt. An diesem Tag kam die Nachricht vom Tod ihres Sohnes Eberhardt, er starb in einer Schützenstellung nahe Stalingrad durch einen russischen Scharfschützen.
Eberhardt war Helene Friedlands erstgeborener Sohn. Sie hatte 1914 einen jungen Mann namens Otto Rübsam kennen gelernt – dieser fiel jedoch an der Ostfront. Der gemeinsame Sohn Eberhardt wurde 1915 geboren. Einige Jahre später verliebte sich Lenchen Friedland in einen Musiker, der jedes Jahr zur Reichenberger Augustmesse bei Abendveranstaltungen aufspielte. Leider war sie nicht die Einzige, der er die Ehe versprach. So bekam Helene zwar 1920 ihren zweiten Sohn Helmut, musste aber weiterhin auf ein Eheglück verzichten.
Helmut absolvierte das Reichenberger Gymnasium Rosenthal. Da er sehr begabt war, bekam der Junge ein Förderstipendium vom Reichenberger Fabrikanten Johann Liebig und durfte später eine Musikschule besuchen. Helmut spielte wunderbar Klavier und fand 1938 eine Lehrstelle bei einem Klavierstimmer. Er sollte einmal dessen Atelier mit Verkaufsraum übernehmen. Leider konnte Helmut die Lehre nicht beenden – sein jüdischer Lehrherr verschwand 1939 wie Tausende andere Leidensgefährten in einem der Konzentrationslager.
Helmut Friedland hatte von seinem Vater nicht nur die musischen Fähigkeiten, sondern auch eine unheilbare Augenkrankheit geerbt. Durch diese Sehbehinderung blieb ihm der Krieg erspart. 1944 heiratete er die Kriegswitwe und Lehrerin Eleonore Habermann und war ihren beiden Söhnen ein guter Vater.
So bekam Mutter Helene doch noch Enkelkinder, um die sie sich liebevoll kümmerte. Die Friedlands kamen 1946 durch die Vertreibung nach München, Helmut zog mit seiner Familie 1957 nach Chemnitz.
Noch heute hängen die Landschaftsbilder aus der sudetendeutschen Heimat in Helmut Friedlands guter Stube am Chemnitzer Markt. Der nun fast blinde 84jährige wird liebevoll von seiner Lebensgefährtin Rita Klein umsorgt, die ebenfalls mit ihrer Familie aus Reichenberg vertrieben wurde. Bei Besuchen in München lernte Rita Klein auch Helene Friedland noch kennen – diese tapfere Frau, die ihrem sehbehinderten Sohn die Natur so wunderbar beschreiben konnte. Der alte Herr liebt sein Sudetenland auch nach so langer Zeit über alles. Von gestochener Schärfe sind die Erinnerungsbilder, die er in sich trägt, besonders die an seine Mutter Helene Friedland.

Fleischpudding mit Kartoffeln

500 g Kartoffeln, mehlig kochend,
50 g Schweineschmalz,
3 Eier,
1 Zwiebel, fein würfeln,
Semmelbrösel für die Form,
30 g Parmesan,
40 g Butter

Fleischfülle
400 g Schweinehack,
50 g Schmalz,
1/2 kleine Zwiebel,
Salz, Pfeffer,
1 altbackene Semmel, eingeweicht

Kartoffeln schälen, kochen und durch eine Presse geben. Zwiebelwürfel im Fett anrösten, Eier und Salz zugeben.
Für die Fleischfülle Hackfleisch mit Zwiebel in Schmalz anrösten, mit Salz und Pfeffer würzen. Hackmasse mit der eingeweichten, gut ausgedrückten Semmel vermengen.
Eine Kastenform gut ausfetten und mit Semmelbrösel bestreuen, dann eine Schicht Kartoffelmasse einbringen, dann eine Schicht Fleisch, dann wieder eine Schicht Kartoffelmasse. Das Ganze bei 150 Grad im Wasserbad in geschlossener Form eine Stunde garen lassen. Dann mit einem Zwirnfaden schneiden, die Stücke auf die Teller legen, obenauf den Parmesan streuen. Zuletzt mit Butter beträufeln.

Gasthaus „Zur schönen Aussicht“ in Ober-Josefsthal bei Gablonz

Gablonzer Landbevölkerung um 1900

Rauchfleisch-Kartoffel-Strudel

1 kg Kartoffeln, 100 g Grieß,
150 g Weizenmehl, 4 Eier,
Salz, Pfeffer aus der Mühle

Füllung
400 g Rauchfleisch, gekocht,
100 g Semmelmehl, 50 g Butter, 2 Zwiebeln,
100 g Schweineschmalz

Die Kartoffeln kochen, pellen und durch ein Sieb streichen. Grieß, Mehl und Eier dazugeben, mit Salz und Pfeffer würzen und zu einem geschmeidigen Teig kneten. Zu einem Rechteck auf einem Leinentuch ausrollen und mit dem in kleine Würfel geschnittenen Rauchfleisch bestreuen. Das Semmelmehl in Butter anbraten, bis es eine rotbraune Farbe annimmt. Das Semmelmehl ebenfalls über die Rauchfleischwürfelchen geben. Den Teig zusammenrollen, das Tuch gut zusammenbinden und die Rolle in einem großen Topf oder in einem Bräter im kochenden Salzwasser eine gute halbe Stunde zugedeckt garen lassen.
In dieser Zeit die Zwiebeln feinwürflig schneiden und im Schmalz braun braten.
Den Strudel aus dem Tuch holen und in 1 cm dicke Scheiben schneiden, auf flachen Tellern anrichten und mit den gebräunten Zwiebelwürfeln und dem Schmalz übergießen.
In vielen Familienkochbüchern fand ich auch andere Füllungen, wie Spinat, Schmorkraut (Weißkraut) und Pilze verschiedenster Art.

Ruppersdorfer Kartoffelbuletten

1 kg Kartoffeln,
Salz und Muskat nach persönlichem Geschmack,
2 Eier, 100 g Weizenmehl,
150 g Kochschinkenwürfel, Schmalz zum Braten

Panade
Mehl, 1 Ei,
Milch und Semmelmehl

Die gekochten Kartoffeln abpellen und durch eine Presse geben, mit Eiern, Salz, Muskat und Mehl einen geschmeidigen Teig kneten. Die angebratenen Kochschinkenwürfel dazugeben und runde Buletten formen. Die Buletten im Mehl wälzen und durch das Ei mit der Milch ziehen. Im Semmelmehl wälzen und im heißen Schmalz braten.

Ruppersdorf 1923

Ruppersdorfer Rinderbraten mit saurer Gurke

800 g Rinderbraten,
50 g Speck, in Streifen geschnitten,
Salz und Pfeffer nach Belieben,
50 g Schmalz,
3 Zwiebeln,
200 g saure Gurken,
30 g Weizenmehl

Das Fleisch mit den Speckstreifen durchziehen und würzen, mit Salz und Pfeffer würzen. In Schweineschmalz scharf anbraten. Den entstandenen Bratfond immer wieder mit Wasser aufgießen, damit sich genug Soße bildet. Nach ca. einer Stunde Schmoren den fertigen Braten warm stellen.
Saure Gurken in feine Streifen schneiden. Die Soße mit den Gurkenstreifen verfeinern und mit dem in kaltem Wasser angerührten Weizenmehl binden. Die Soße noch einmal kräftig aufkochen, damit sich der Mehlgeschmack verflüchtigt.

Hausküche von Meta Dietzsch aus Reichenberg

Meta Dietzsch 1919

Die alte Tuchmacherstadt Reichenberg (Liberec) am Fuße des Jeschken war bis 1945 die bedeutendste deutsche Stadt in den böhmischen Ländern und ein wichtiges Wirtschaftszentrum mit Textil-, Holz-, Nahrungsmittel- und Glasindustrie. Sie erlangte zudem große kulturelle Bedeutung, die weit über den Rahmen vergleichbarer Provinzstädte hinausging. Immer noch erinnern schöne alte Bürgerhäuser, das Rathaus in niederländischer Neorenaissance oder das Stadttheater von 1883 an diese Zeit. Auch heute ist Reichenberg wieder ein wichtiges wirtschaftliches Zentrum im nördlichen Böhmen.

Meta Dietzsch (1891-1973) entstammte einer alten Reichenberger Möbeltischlerfamilie. Ihr Vater August Dietzsch besaß in der Nähe des Spitals „Aller Heiligen“ in Reichenberg eine kleine Werkstatt. Besonders gut verstanden sich der Großvater und der Vater von Meta Dietzsch auf das Nachbauen von Schreibtischen im Louis-Seize-Stil des berühmten Kunsttischlers Roentgen.
Ab dem Jahre 1919 übernahm Metas Bruder Wilhelm die Tischlerei. Meta führte ihm die Bücher und arbeitete außerdem noch als Lagerschreiberin in der Wollfabrik Neumann. Die tüchtige junge Frau hatte mit Männern kein Glück. Ihr Verlobter verließ sie wegen einer reichen Hoferbin, die von ihm schwanger wurde. Meta zog zu ihrem mittlerweile verheirateten Bruder Wilhelm und führte ihm den Haushalt.
Im Jahre 1923 wurde dem Bruder ein Sohn geboren. Die kinderlose Meta kümmerte sich liebevoll um ihren kleinen Neffen Heinrich. Heinrich wurde Soldat und geriet 1942 in Gefangenschaft. Er erlebte die Schlacht vor Stalingrad mit all ihren Schrecken. Die kämpfenden russischen Soldaten stürmten die deutschen Schützengräben mit bloßen Händen, mit Spaten, Schaufeln oder Äxten. Heinrich Dietzsch überlebte nur, weil er sich tot stellte. Beim Beräumen der Schützengräben wurde er entdeckt und kam zur Zwangsarbeit in ein Bergwerk.
Meta wurde zur Arbeit in einem Rüstungsbetrieb zwangsverpflichtet. Schon 1944 begann Familie Dietzsch, Wertvolles bei der Verwandtschaft im sächsischen Chemnitz in der Scheune eines Bauernhofes zu lagern. Denn wie viele Sudetendeutsche waren sie keine Anhänger Hitlers und ahnten, dass der Überfall auf die Sowjetunion der Anfang vom Ende war.
Erst 1947 kam Heinrich Dietzsch aus der Kriegsgefangenschaft frei und fand seine Eltern und seine Tante Meta beim Cousin Fritz in Chemnitz wieder. Heinrich Dietzsch erhielt eine Anstellung bei der Wismut und arbeitete unter Tage. Später lernte er die charmante Krankenschwester Hannelore aus dem sudetendeutschen Leitmeritz kennen, ließ sich in ihre Nähe versetzen und bald darauf wurden sie ein Paar. 1950 bezog das Ehepaar in Johanngeorgenstadt eine kleine Wohnung. Zwei Jahre später kam Werner in die Familie, ein Heimkind aus Halle.
Doch das Familienglück zu dritt war nur von kurzer Dauer; Werner wurde 1957 beim Rollerfahren von einem Wismutkipper überfahren. Hilfe und Trost spendete Tante Meta, die zu den Dietzschs nach Johanngeorgenstadt gezogen war. Anhand ihrer Erinnerungen schrieb sie zwischen 1957 und 1962 ein dickes Kochbuch mit Rezepten aus dem Sudetenland. Jeden Abend, wenn Hannelore und Heinrich Dietzsch von ihrem Dienst nach Hause kamen, wartete ein typisches Gericht aus der alten Heimat auf sie.
82jährig verstarb Meta Dietzsch, ohne Reichenberg noch einmal wiedergesehen zu haben. Bei Hannelore und Heinrich Dietzsch bleibt sie unvergessen.

Reichenberger Semmelknödelomelett

(Originaltext)

4 kleine Brötchen, zusammen 200 g,
2 EL Butter, 8 Eier, 2 EL Wasser,
Salz und mehrere EL Schnittlauchröllchen

Brötchen in kleine Würfel schneiden und in der Butter anbraten. Die Eier aufschlagen und mit Salz, Wasser und den Schnittlauchröllchen verquirlen. Die Eiermasse über die angebratenen Semmelwürfel geben und rühren, bis das Omelett stockt. Vorsichtig wenden!
Es gab dazu immer Kompott oder Gurkensalat mit viel Sahne und Dill.

Lachend verriet mir Herr Dietzsch Tante Metas Trick beim Omelett-Wenden: Über den Tiegel einen gleichgroßen Deckel legen und das gestockte Omelett drehen, indem man den Deckel und den Tiegel aneinander presst und dreht. Dann den Deckel abnehmen, in dem sich jetzt das Omelett befindet. Dieses dann in die Pfanne gleiten lassen.

Reichenberger Hammelklops

750 g Hammelfleisch,
Salz, Pfeffer, Majoran nach Geschmack,
2 Knoblauchzehen, 1 altbackenes Brötchen,
2 EL Milch, 1 EL Weizenmehl,
2 EL Schweineschmalz

Das Fleisch zweimal durch den Fleischwolf drehen. Das altbackene Brötchen in Milch einweichen, gut ausdrücken und ebenfalls durch den Fleischwolf drehen. Die Gewürze und die beiden in Salz zerdrückten Knoblauchzehen dazugeben. Die Hände und das Brett bemehlen und aus der Masse kleine runde Klopse formen. In einer hohen Pfanne Schmalz erhitzen und die Klopse von beiden Seiten braun anbraten. Anschließend so viel Wasser zugeben, dass die Klopse bedeckt sind. Auf kleiner Flamme durchziehen lassen (etwa 15 Minuten).

Die Gründerzeit prägte das Gesicht Reichenbergs am nachhaltigsten. Die repräsentativen Bauten sind vor der Jahrhundertwende und meist nach Entwürfen von Wiener Architekten entstanden, so das Nordböhmische Gewerbemuseum, die Handelskammer, das Theater und das Rathaus, das Franz Ritter von Neumann im Neorenaissancestil erbaute und das stark an das Wiener Rathaus erinnert.

Die Reichenberger Talsperre um 1923
Reichenberg. Neustädter Platz 1934
Reichenberg. Gewerbemuseum 1933

Friedel Wiese aus Haindorf und ihre Hausrezepte

Kaffeeklatsch in Haindorf.
Rechts Friedel Wiese

„Die Haindorfer Hauptstraße macht einen festlichen Eindruck. Man merkt es ihr an, daß sie gewöhnt ist, Prozessionen mit flatternden Fahnen, Muttergottesbilder, die unter Baldachinen träumen, singende Mädchen und Musikkapellen an sich vorbeiziehen zu lassen. In behäbiger Ruhe, gleich Männern, die im Verkehr mit hochehrwürdigen Herren Beschaulichkeit erlernen, so reihen sich hier die Giebelhäuser aneinander und bilden bis zum Kloster der Franziskaner Spalier. Die doppeltürmige Kirche, der Heimsuchung Mariens geweiht, überragt alles; wie eine weiße Riesin thront sie über dem Ort und hebt sehnsüchtig ihre Arme zum düsteren Nußstein empor."

Oskar Wiener, 1911

Edith Brandt lernte ihre Großmutter Friedel Wiese leider nie persönlich kennen, noch vor ihrer Geburt starb die herzensgute Frau. Doch die Erzählungen ihrer Mutter halfen Edith Brandt, eine lebendige Vorstellung von ihrer Großmutter entstehen zu lassen. Das umfangreiche Kochbuch mit Rezepten der sudetendeutschen Küche, das Mutter Hildegard ihr schenkte, kündet von der großen Leidenschaft der Großmutter für alles Kulinarische.
Friedel Wiese, die 1893 in Haindorf (Hejnice) geboren wurde, war Zeit ihres Lebens eine begeisterte Köchin, die ihre Gäste gern mit guten Speisen bewirtete. Friedel Wiese liebte die deftige Küche und hielt in einem handgeschriebenen Kochbuch alle Gerichte fest, die bei Ausflügen verzehrt wurden.
Nach dem Besuch der Volksschule lernte Friedel Wiese Stenotypistin und arbeitete dann in der Kirchenverwaltung. 1916 lernte sie einen jungen Schauspieler aus Reichenberg kennen, mit dem sie sich im Jahr darauf verlobte. Noch bevor sie heiraten konnten, weil Friedel ein Kind erwartete, starb der junge Mann an einer schweren Lungenentzündung. So lernte die 1919 geborene Tochter Hildegard ihren Vater gar nicht mehr kennen. Friedel Wiese zog das Mädchen allein auf. Sie arbeitete weiter in der Kirchenverwaltung.
Die junge Hildegard Wiese ging oft in die Marienwallfahrtskirche. Hier lernte sie – genau wie ihre Mutter – einen jungen Schauspieler aus Reichenberg kennen. Doch auch die Tochter verlor ihren Geliebten noch vor der Hochzeit. Waldemar Roberth zog 1939 voller Begeisterung in den Zweiten Weltkrieg. Er war unter den ersten Toten beim Polenfeldzug. Die gemeinsame Tochter Edith kam 1940 in Reichenberg zur Welt. Mit sechs Jahren musste sie mit ihrer Mutter Hildegard das geliebte Haindorf verlassen; Kassel wurde ihnen zur zweiten Heimat.
Seit 1991 lebt Edith Brandt mit ihrem Mann in Zeulenroda, ab und zu besuchen sie die trotz ihrer 85 Jahre noch sehr rüstige Mutter Hildegard Wiese in Kassel. Dort wird noch immer heimatlich gekocht.

Haindorfer Quarknocken

50 g Butter, Salz nach Belieben,
3 Eier, 500 g Quark,
50 g Weizenmehl, 25 g Semmelmehl,
100 g Butter,
Zucker und Zimt zum Bestreuen

In einer Schüssel die Butter mit Salz, Quark und den Eiern verrühren. Jetzt das Mehl und das Semmelmehl dazugeben, alles zu einem geschmeidigen Teig rühren. Mit zwei immer wieder in kaltes Wasser getauchten Esslöffeln Nocken abstechen, in siedendes Wasser geben und 10 Minuten köcheln lassen. Die Nocken hochkommen lassen und mit einem Schaumlöffel herausheben, gut abtropfen lassen, in eine gebutterte Pfanne geben und schwenken. Mit Zucker und Zimt bestreuen und auf flachen Tellern anrichten.

Hefesuppe nach böhmischer Art

Im Familienkochbuch steht, dass diese Suppe das erste Mal bei einem Familienausflug 1925, bei der Einkehr in der „Deutschen Wacht“ am Fuß der Lausche gegessen wurde.

250 g Wurzelwerk (Möhren, Zwiebel, Porree),
50 g Butter,
1 Würfel (42 g) Hefe,
Salz nach Geschmack,
1,5 l Wasser

Einlaufteig
2 Eier,
5 EL Milch,
50 g Weizenmehl

Das geputzte und feinwürflig geschnittene Wurzelwerk in der Butter anrösten, die Hefe dazugeben. Salzen und das Wasser hinzugeben. Gut durchköcheln. Jetzt die Eier schaumig rühren, die Milch und dann das Mehl zufügen. Zu einem glatten Teig rühren und in die sprudelnde Suppe über eine Gabel am Faden laufen lassen. Noch einmal 5 Minuten köcheln lassen.

Gefüllte Keilberg-Kartoffeln

(nach einem Familienausflug zum Keilberg im Erzgebirge um 1930)

8 große, festkochende Kartoffeln,
20 g Butter, 200 g Roquefort-Käse,
Salz und Pfeffer nach Belieben,
50 g Rauchspeck, feinwürflig geschnitten,
2 Knoblauchzehen,
gehackte Petersilie zum Bestreuen,
etwas Fett für das Blech

Die gut gewaschenen und abgebürsteten Kartoffeln in der Schale kochen, bis sie bissfest sind. Der Länge nach aufschneiden und mit einem Löffel vorsichtig aushöhlen. Die durch das Aushöhlen gewonnene Kartoffelmasse mit der Butter und dem Käse kräftig vermischen. Den gut gerösteten Speck mit dem ausgebratenen Fett ebenfalls dazugeben. Die Knoblauchzehen im Salz zerreiben und mit dem Pfeffer zufügen. Die Masse in die ausgehöhlten Kartoffeln füllen und auf ein gefettetes Blech legen und noch einmal in der Röhre kräftig durchbacken. Beim Anrichten mit Petersilie bestreuen.

Keilberg-Hotel um 1933

Die Wallfahrtskirche von Haindorf um 1930

Restaurant „Zur Deutschen Wacht“

Vom Knödelfritz zum Millionär - Friedrich Vetter aus dem Isergebirge

Friedrich Vetter
um 1932 in Detroit

Das nördlich von Reichenberg am Fuße des Isergebirges in der gleichnamigen Stadt gelegene Schloss Friedland befand sich seit 1621 in Besitz des Grafen Albrecht von Waldstein (Wallenstein). Das Schloss prägte seit 1624 den Namen des Fürstentums und späteren Herzogtums. Wenn sich Wallenstein auch nur wenige Tage hier aufhielt, führte er doch in der Geschichte und Literatur den Beinamen der „Friedländer". Möglicherweise diente Franz Kafka Friedland, als er es 1921 besuchte, als Vorbild für das „Schloss" in seinem bekannten Roman. Im Schatten des Friedländer Schlosses bahnte sich jedoch so manche erfolgreiche Karriere an, die heute noch im Verborgenen schlummert. So die Lebensgeschichte des erfolgreichen Kochs und cleveren Geschäftsmannes Friedrich Vetter, der in dem kleinen Ort unterhalb der Burg 1896 das Licht der Welt erblickte.

Als Junge lernte Friedrich Vetter in einem kleinen Hotel bei der ehemaligen Herrschaftsköchin Hermine Roß die regionale Küche mit ihren Spezialitäten kennen. Während dieser harten Ausbildungszeit legte er ein dickes Kochbuch an, in dem er alle Rezepte, die Hermine Roß ihn lehrte, festhielt.
1914 schloss Friedrich Vetter die Kochausbildung ab und ging als Jungkoch nach Posen (Westpreußen) in eine große Armeeküche. Weil er die besten Knödel verschiedenster Art zubereiten konnte, stieg er in der Küchenhierarchie sehr schnell auf und war als kollegialer Chef sehr beliebt. Zwischen 1920 bis 1928 arbeitete Friedrich Vetter in verschiedenen Hotels und Gaststätten in Ost- und Westpreußen und schließlich wieder im Sudetenland. Doch nach Friedland kam er nur als gelegentlicher Besucher zurück.
1928 fiel ihm eine Zeitung mit einer verlockenden Anzeige in die Hände. Ein Hotelier in Detroit suchte deutsche Köche und versprach großzügige Gehälter. 1929 fuhr Friedrich Vetter mit der „Europa" über den großen Teich. Die Tage auf dem Dampfer vergingen für den wendigen Sudetendeutschen schnell, der durch seinen eigenartigen Dialekt überall auffiel. In der großen Schiffsküche verdiente er sich ein kleines Zubrot. Friedrich Vetter brachte den Köchen die Zubereitung der berühmten böhmischen Knödel bei. Schließlich setzte man sie sogar mit großem Erfolg auf die Speisekarte. Als das Schiff den Zielhafen erreichte, musste der Küchenchef der „Europa" den Passagier der 3. Klasse mit großem Bedauern ziehen lassen.
Friedrich Vetter fand Arbeit im „Continental", einem großen Hotel in Detroit. Der Empfangschef des „Continental", Carl Madersberger, dessen Urgroßvater Josef Madersberger die Nähmaschine erfunden und seinen Nachkommen dadurch ein beträchtliches Vermögen hinterlassen hatte, mochte den jungen Sudetendeutschen sofort und bot ihm eine Unterkunft bei sich in einem Detroiter Vorort an. Friedrich Vetter bekochte den fast 70jährigen Madersberger an seinen freien Tagen mit heimatlicher Kost. In dieser Zeit kam dem Koch die harte Lehrzeit bei Hermine Roß in Friedland zugute und sein dickes Kochbuch, aus dem auch die folgenden Knödelrezepte stammen. Mit den Knödelspezialitäten wurde der Koch in und um Detroit sehr bekannt und gab auch anderen Köchen Lehrunterricht.
1931 heiratete Friedrich Vetter die deutschstämmige Amerikanerin Erika Schnell, vier Jahre später wurde Sohn Richard geboren und 1936 Tochter Elisabeth.
1939 gab Friedrich Vetter wie gewöhnlich Kochunterricht in einem kleinen Hotel. Er arbeitete an einem Gasherd der deutschen Firma Junker & Ruh, als es im Doppelsparbrenner des Herdes zu einer Explosion kam. Der Koch zog sich eine schwere Augenverletzung zu. Die Versicherung weigerte sich zunächst, für den entstanden körperlichen Schaden aufzukommen, aber der finanzkräftige Carl Madersberger besorgte Friedrich Vetter einen guten Rechtsanwalt, der dem Knödelfritz zu seinem Recht verhalf. Im Prozess gegen die Versicherung wurden dem Augenverletzten schließlich 300 000 Dollar Schadensersatz zugesprochen. Dieses Geld legte er gewinnbringend in Aktien an.
Erst Ende der fünfziger Jahre reiste das Ehepaar Vetter das erste Mal gemeinsam nach Deutschland, in die damalige Bundesrepublik, um Verwandte aus dem Sudetenland zu besuchen. Hier traf Friedrich Vetter auch etliche Kriegskameraden aus dem Ersten Weltkrieg wieder und alle erinnerten sich an die vorzüglichen Knödel in Posen.

Hochzeit mit Erika Schnell, Detroit 1931

Nach dem Tod seiner Frau im Jahre 1966 siedelte sich Friedrich Vetter mit seiner Familie im Ruhrgebiet an. Ganz im amerikanischen Managerstil baute er kleine Familiengaststätten auf, die manchem Vertriebenen Lohn und Arbeit sicherten. Auf den Speisekarten fanden sich viele der typischen sudetendeutschen, ostpreußischen und schlesischen Gerichte.
Die fortschreitende Amerikanisierung holte Friedrich Vetter jedoch 1970 auch in Deutschland ein. Die Fastfood-Küche wurde populär und traditionelle Gaststätten konnten kaum noch Gewinn verbuchen. Friedrich Vetter überlegte nicht lange und verpachtete die Gaststätten an die ins Land kommenden Türken, Griechen, Italiener und Chinesen. Seinen Beschäftigten zahlte er übrigens gute Abfindungen.
1972 verstarb Friedrich Vetter an einer Lungenentzündung, der er nicht genügend Beachtung geschenkt hatte. Anfang der neunziger Jahre zog der Sohn Richard mit seiner Familie nach Gera und bekommt in regelmäßigen Abständen Besuch von der Schwester aus dem Ruhrgebiet. Manchmal fahren sie nach Friedland (heute Frýdlant), die Heimat des Vaters, die dieser nie mehr wiedersah.

Wallenstein-Schloss Friedland/Isergebirge

Gegärte Knödel – Friedland um 1914

20 g Hefe,
20 g Puderzucker,
250 ml Milch,
500 g Weizenmehl,
2 Eier, Salz

Hefe und Zucker in eine Schüssel geben, handwarme Milch zugeben und verrühren. Das Mehl darüber sieben, die Schüssel zudecken und an einen warmen Ort stellen. Nach einer halben Stunde die aufgeschlagenen Eier und das Salz dazugeben und alles vorsichtig verkneten. In Knödel formen und noch einmal gehen lassen, für 5 Minuten an einem warmen Ort stehen lassen. Anschließend 5 Minuten in leicht köchelndem Salzwasser ziehen lassen. Gleich nach dem Herausnehmen einstechen und mit festem Nähgarn in Scheiben schneiden.

Pflaumenknödel nach Friedlander Art

Warum diese Knödel die Lieblingsknödel der Posener Soldaten waren, verrät die Zutatenliste.

1/2 l Milch,
50 g Butter, 2 EL Zucker,
250 g Weizenmehl,
3 Eier,
500 g Pflaumen, 15 Tage vorher in Rum eingelegt,
100 g Quark, fest,
Zucker und Zimt zum Bestreuen,
zerlassene Butter

Die Milch mit dem Zucker und der Butter zum Kochen bringen. Das Mehl dazugeben und so lange unter der Hitze rühren, bis sich eine Teigkugel gebildet hat. Den Teig in eine Schüssel geben und nach und nach die Eier dazugeben. Den Teig eine halbe Stunde ruhen lassen. In dieser Zeit die Pflaumen in ein Sieb geben und abtropfen lassen. Den Teig auf einem bemehlten Kuchenbrett durchkneten, apfelsinengroße Kugeln formen und in jeden Knödel eine Pflaume geben. Den Teig rundherum gut andrücken. In einem großen Topf leicht gesalzenes Wasser zum Kochen bringen und die Knödel darin 8 Minuten köcheln lassen.
Den Quark raspeln und auf die Teller streuen. Je Person zwei Knödel auflegen, mit zerlassener Butter beträufeln und mit Zucker-Zimt bestreuen.

Friedlander Semmelpudding

(Originaltext)
(für 4 Personen)

Man nehme 2 Semmeln und weiche sie in Schlagsahne ein. 70 Gramm Zucker mit 70 Gramm Butter vermischen, dazu 3 Eigelb und 30 Gramm Rosinen und 30 Gramm gehackte Mandeln. 1 paar Spritzer Zitrone und das steifgeschlagene Eiklar dazu. Jetzt die ausgedrückten Semmeln zerpflücken und darunter kneten. Alles in eine ausgebutterte Form geben und eine gute Stunde in der Backröhre stocken lassen. Vorher die Schlagsahne aus den Semmeln drücken, durch ein Sieb streichen und mit einem Schluck Weinbrand verfeinern. Den Pudding nach dem Stocken auf Teller geben und mit Weinbrand-Sahne-Soße übergießen.

Im Buch habe ich am Seitenrand dieses Rezeptes die umgerechnete Rezeptur für 158 Personen gefunden und das Datum 13. März 1915.

Posen um 1915, Wallischeibrücke
Posen 1915, Königliches Residenzschloss

Federknödel

500 g Weizenmehl,
1 TL Zucker,
1 TL Butter,
1/4 l Milch,
1 Ei,
5 g Hefe,
1 Prise Salz

Die Hälfte der Milch in eine Tasse geben, die Hefe hineinbröckeln und den Zucker dazugeben. An den Herdrand stellen. In eine große Schüssel das Mehl sieben, die zerlassene Butter und das Ei hineingeben, vermischen und den Hefeansatz dazugeben. Vorsichtig kneten und zugedeckt an einem warmen Ort 30 Minuten gehen lassen. Den Teig dann noch einmal kneten, Apfelsinengroße Stücke formen und erneut 15 Minuten ruhen lassen. Einen Topf mit passendem Deckel mit Salzwasser aufsetzen und ein Leinentuch darüber spannen. Das Tuch gut durchhängen lassen. Wenn das Wasser kocht, die Knödel auf das Tuch legen und den Topfdeckel schließen. 10 Minuten sollten die Knödel im Dampf garen.
Die Knödel nach dem Garen aufreißen und mit zerlassener Butter beträufeln.

Hausrezepte von Erna Schaar aus Schluckenau

Erna Schaar,
im April 1926

Noch heute fährt Irma Schaar aus Köln mit ihrer Familie sehr gern nach Schluckenau (Šluknov) in die Heimat ihrer Mutter. Sie selbst verbrachte hier schöne Kindheitsjahre. Bei diesen Ausflügen besucht die ganze Familie das Schloss, das Museum oder das nahegelegene Karlstal, wo regelmäßig Konzerte und Theateraufführungen stattfinden.
Da Schluckenau als Zentrum der Webwarenindustrie bekannt ist, verwundert es wenig, dass Irmas Mutter, Erna Schaar (1890-1959) aus einer Weberfamilie stammte. Die männlichen

Familienmitglieder arbeiteten seit Generationen in der Wollweberei. Die Frauen fertigten in Heimarbeit Kleinteile für die Kunstblumenfabrikation an und kochten für ihre Familien. Häufig brachten sie das Mittagessen auch in die Fabrik zu ihren Ehemännern.
Erna besuchte 1907 die Haushaltsschule in Schluckenau und erlernte die Grundlagen des hauswirtschaftlichen Kochens. 1914 heiratete sie den herrschaftlichen Kutscher Arno Schaar (1887-1916). Er lernte seine Tochter Irma nicht mehr kennen, denn am 31. Mai 1916 kam Arno Schaar in der Seeschlacht im Skagerrak ums Leben. Im November 1915 war Irma Schaar geboren worden. Vom Vater blieben ihr nur wenige Bilder.
Die Mutter kochte zu besonderen Anlässen bei wohlhabenderen Leuten in und um Schluckenau oder arbeitete als Hausköchin bei begüterten Familien.
Erna Schaar hat nicht wieder geheiratet, ihre ganze Liebe gehörte ihrem gefallenen Mann. Sie duldete nur die Unterstützung des ehemaligen Arbeitgebers ihres Mannes. Er ließ ihr hin und wieder Geld zukommen, auch nachdem sie 1932 mit Irma schon zu Bekannten nach Fredersdorf bei Berlin gezogen war.
Irma Schaar erinnert sich noch sehr genau an Schluckenau und ihre Kinder- und Jugendzeit. Die Mutter arbeitete Tag und Nacht, um ihr eine sorgenfreie Kindheit zu ermöglichen. Später, auf dem Bauernhof in Fredersdorf, kochte sie oft heimatliche Gerichte oder buk süße Kuchenspezialitäten. Irma Schaar meint noch heute den Geschmack der Liwanzen, Kolatschen, Buchteln und Semmelknödel auf der Zunge zu spüren. In Erinnerung daran begann sie, die von ihrer Mutter am häufigsten zubereiteten Gerichte aus dem böhmischen Niederland nachzukochen und die Rezepte aufzuschreiben. Mit ihren Freundinnen veranstaltete sie Kochtreffs und sie hatten viel Spaß dabei, die Küche der Kindheit wieder auszuprobieren.

Obstknödel

250 g Kartoffeln, gekocht und gepellt, 250 g Quark,
250 g Weizenmehl, 1 Ei, Salz,
Obst nach Wahl: Pflaumen, Erdbeeren, Kirschen, Aprikosenhälften.
Am günstigsten ist tiefgefrorenes Obst. Man rechnet pro Knödel ein Stück Obst.
je 20 g Mohn und Zucker zum Bestreuen, 50 g Butter zum Beträufeln

Die gekochten Kartoffeln schälen und fein reiben. Den Quark, das Mehl und eine Prise Salz zugeben. Teig kneten, auf einem bemehlten Kuchenbrett ausrollen und in kleine quadratische Stücke schneiden. In die Mitte der Teigquadrate ein Stück Obst geben, den Teig zusammenklappen und andrücken. Mit den Händen zu Knödeln formen.
(Wenn Sie mit frischem Obst arbeiten, das Obst abwaschen und die größeren Früchte entkernen, etwas zusammendrücken und in die Mitte des Teiges geben.) Die Knödel in leichtem Salzwasser garen (10 Minuten köcheln lassen). Die Butter erhitzen und über die fertigen Knödel träufeln. Dann Zucker und Mohn darüber streuen.

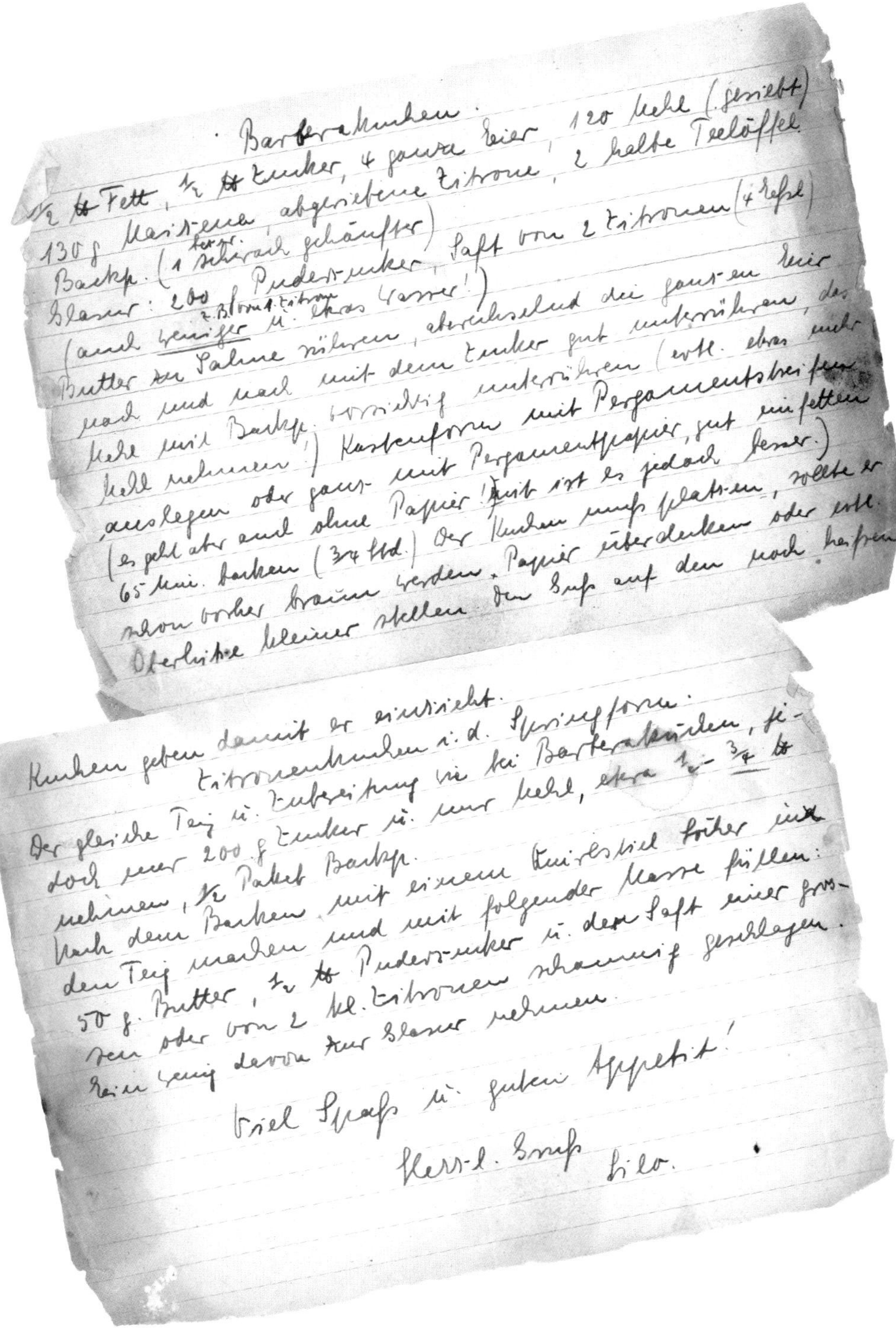
Barbarakuchen.
½ ℔ Fett, ½ ℔ Zucker, 4 ganze Eier, 120 Mehl (gesiebt)
130 g Maizena abgeriebene Zitrone, 2 halbe Teelöffel
Backp. (1 schwach gehäufter)
Glasur: 200 Puderzucker, Saft von 2 Zitronen (4 Eßl)
(auch weniger u. etwas Wasser!)
Butter zur Sahne rühren, abwechselnd die ganzen Eier
nach und nach mit dem Zucker gut unterrühren, das
Mehl mit Backp. vorsichtig unterrühren (evtl. etwas mehr
Mehl nehmen!) Kastenform mit Pergamentstreifen
auslegen oder ganz mit Pergamentpapier, gut einfetten
(es geht aber auch ohne Papier! Mit ist es jedoch besser.)
65 Min. backen (3/4 Std.) Der Kuchen muss platzen, sollte er
schon vorher braun werden, Papier überdecken oder evtl.
Oberhitze kleiner stellen. Den Guß auf den noch heißen
Kuchen geben damit er einzieht.

Zitronenkuchen i. d. Springform.
Der gleiche Teig u. Zubereitung wie bei Barbarakuchen, je-
doch nur 200 g Zucker u. nur Mehl, etwa ½–¾ ℔
nehmen, ½ Paket Backp.
Nach dem Backen mit einem Quirlstiel Löcher in
den Teig machen und mit folgender Masse füllen:
50 g Butter, ½ ℔ Puderzucker u. den Saft einer gros-
sen oder von 2 kl. Zitronen schaumig geschlagen.
Ein wenig davon zur Glasur nehmen.

Viel Spaß u. guten Appetit!

Herzl. Gruß Lilo.

Schluckenauer Lendenbraten mit Walnusssoße

1 kg Rinderlende,
2 Zwiebeln,
500 g saure Sahne,
4 EL Weizenmehl,
250 g Walnusskerne

Rindfleisch waschen, in einen Topf geben und mit Salzwasser bedecken. Beide Zwiebeln dazugeben und alles durchköcheln lassen. Die Rindslende immer mal kontrollieren, sie muss noch etwas Biss haben, damit sie dann beim Schneiden nicht zerfällt. Das gare Fleisch aus dem Topf nehmen und warm halten, den Kochfond um die Hälfte einkochen lassen. Die Sahne mit dem Mehl gut verquirlen, in den Kochfond gießen und evtl. nachsalzen. Die gehackten Walnüsse unter die Soße geben. Das Fleisch in Scheiben schneiden, auf Tellern mit Kartoffelknödeln (siehe nachfolgendes Rezept) anrichten und mit der Soße übergießen.

Kartoffelknödel aus dem böhmischen Niederland

500 g Kartoffeln, gekocht und geschält,
1 kg Kartoffeln, roh und geschält,
4 EL Speisestärke,
100 g Weizenmehl,
1 Ei,
Salz

Die kalten, gekochten Kartoffeln reiben und in eine Schüssel geben. Die geschälten, rohen Kartoffeln reiben und in einen Leinensack geben. Das Wasser, welches aus dem Leinensack austritt, bitte auffangen. Die rohe Kartoffelmasse zu der Masse aus den gekochten Kartoffeln geben. Dann die aufgefangene Stärke, das Ei, Salz und das Weizenmehl dazugeben. Alles gut miteinander verkneten, Knödel formen und in Salzwasser 20 Minuten kochen lassen. Mitten im Garprozess die Knödel drehen.
Erna Schaar richtete die fertigen Knödel auseinander gerissen und mit der jeweiligen Bratensoße begossen auf Tellern an.

Schluckenau um 1940

Böhmische Semmelknödel

2 Semmeln, 30 g Butter,
400 g Weizenmehl, 1 Päckchen Backpulver,
1 Ei, Salz, 200 ml Milch

Semmeln in Würfel schneiden und in der Butter leicht anbraten. Mehl zusammen mit dem Backpulver in eine große Schüssel sieben. Ei, Salz und die Milch dazugeben und alles zu einem geschmeidigen Teig verkneten. Die Semmelwürfel dazugeben, aus dem Teig zwei Knödel formen und ins siedende Salzwasser geben. Nach 20 Minuten herausnehmen und mit einem festen Zwirnsfaden in dünne Scheiben schneiden. Dazu gab es oft Pilzsoße.

Pilzsoße nach Schluckenauer Art

500 g Steinpilze oder 100 g getrocknete Pilze, Salz und 250 ml Wasser,
1/2 l saure Sahne, 4 EL Weizenmehl, 1 Spritzer Essig

Die frischen Pilze in große Stücke schneiden, mit Wasser übergießen und kochen lassen. Während des Kochens abschäumen. Wenn die Pilze weich sind, das Mehl in die saure Sahne quirlen und zu den Pilzen geben. Salz und Essig zum Abschmecken erst nach dem Kochen zugeben. Anmerkung: Getrocknete Pilze zwei Stunden vorher in Milch einlegen.

Das Kochbuch der Familie Hofbauer aus Teplitz-Schönau

Henriette Hofbauer, geborene Mathai
Bademeister Karl Hofmeister

Ein uraltes, handgeschriebenes Familienkochbuch, gut erhaltene Familienfotos und wunderschön gestaltete, historische Ansichtskarten übersandte Eberhard Friedrich Kornfeld aus Bielefeld dem Verfasser, als er von der Arbeit an diesem Kochbuch erfuhr. Da er selbst aus dem Sudetenland stammt, freut sich Eberhard Kornfeld über die Würdigung der traditionellen Rezepte. Am Telefon erzählte er seine für das Sudetenland typische Familiengeschichte.

Die Vorfahren der Urgroßmutter Henriette Hofbauer (1839-1909) stammten aus dem Gebiet Steinach-Lauscha, die Vorfahren des Urgroßvaters Karl Hofbauer (1827-1882) kamen aus Salzburg nach Teplitz-Schönau.

Teplitz-Schönau (Teplice) am Fuße des Erzgebirges in Nordböhmen ist bekannt für seine heilenden Quellen.

„Sind dies doch die wahren Bäder im Sinne der Alten! Diese schön abgestuften Bassins mit röthlichen und weißen Fliesen belegt, von den krystallreinen Wellen dieser meergrünen, angenehm warmen vulkanischen Gewässer erfüllt! Viele Kranke hatte ich schon hergesendet und badete nun selbst zum ersten Mal hier! Es war mir wunderbar zu Muthe! Das eigene Gefühl, von dem Centralfeuer des Planeten unmittelbar auf so milde entzückende Weise erwärmt zu werden, belebte mich sonderbar! Du Geist der Erde bist mir näher! rief ich mit Faust und senkte mich tiefer in die klaren Wellen."

Carl Gustav Carus, 1865/1866

Die Heilquellen gaben 1849 auch Karl Hofbauer Arbeit als Bademeister. Er verstand sich meisterhaft auf Heilbehandlungen und seine Fähigkeiten wurden von den Schlossherrschaften und deren Bediensteten sehr gern in Anspruch genommen. Neben dieser Tätigkeit betrieb er gemeinsam mit seiner Frau Henriette in Teplitz die kleine Garküche „Hofbauers".

Als 1895 die beiden Orte Teplitz und Schönau vereinigt wurden, kamen immer mehr Gäste ins „Hofbauers". In jener Zeit begann Henriette Hofbauer ein Familienkochbuch zu schreiben, das später ihre Tochter Gunda und danach die Enkeltöchter Lotti und Erna weiterführten.

Gunda Hofbauer (1864-1949) war wie ihre Mutter eine sehr gute Köchin und begeisterte mit ihrer Kochkunst die Gäste der kleinen Garküche, die sie nach dem Tod der Eltern übernahm. Als allein erziehende Mutter von zwei Töchtern war es nicht einfach, die alltäglichen Anforderungen zu meistern. Trotzdem führte sie die kleine Gaststätte mit viel Geschick durch die Wirren der Zeit. Lotti und Erna Hofbauer lernten zwar von ihrer Mutter das Kochen, aber die echte Kochleidenschaft fehlte ihnen. Das „Hofbauers" wollten sie nicht übernehmen und Gunda Hofbauer musste die beliebte Gaststätte aus gesundheitlichen Gründen 1937 schließen.

Lotti Hofbauer (1887-1959) wurde Sprechstundenschwester und heiratete früh den Landarzt Kußmaul im böhmischen Reichenberg. Das Familienkochbuch führte sie bis 1920 und gab es dann ihrer Schwester Erna weiter. Lotti Kußmaul verschlug es 1947 mit ihrem Mann nach Köln, wo sie bis 1959 lebte.

Erna Hofbauer (1900-1943) arbeitete als Haushälterin in Rehberg im Böhmerwald und heiratete 1923 den jüdischen Arzt Theobald Eberhard Kornfeld. Sie brachte aus einer früheren Beziehung Sohn Eberhard Friedrich mit in die Ehe, dem der Arzt ein liebevoller Stiefvater wurde.

Eberhard Friedrich war als deutscher Wehrmachtssoldat an der russischen Front stationiert, als seine Eltern 1939 den Leidensweg vieler Juden im faschistischen Deutschland gingen. Die einheimische Bevölkerung mied den einst so beliebten Arzt Kornfeld seit der öffentlich gemachten Judenhetze. Nur wenige Menschen hielten weiter zur Familie Kornfeld. Erna Kornfeld liebte ihren Mann so sehr, dass sie sein Schicksal teilte. Obwohl sie keine Jüdin war, ging sie mit ihm in den Tod. Ihr Sohn Eberhard Friedrich blieb als so genannter „Arier" von Repressalien verschont. Lange konnte er den Tod seiner Eltern nicht überwinden.

Teplitzer Buchteln, nach Henriette Hofbauer, um 1890

500 g Weizenmehl,
1/8 l Milch, 30 g Hefe, 50 g Zucker
60 g Butter, etwas Butter zum Bestreichen,
2 Eier, 150 g Marmelade,
1 Prise Salz

Mehl in eine große Schüssel sieben, in die Mitte eine Vertiefung drücken. In die handwarme Milch vorsichtig die Hefe, den Zucker und die zerlassene Butter hineinrühren, diese Flüssigkeit in die Mehlmulde geben und den Teig zugedeckt für eine halbe Stunde an einen warmen Ort stellen.
Danach die Eier und die Prise Salz zugeben. Den Teig kneten, bis sich dieser von der Schüssel löst. Nochmals eine Stunde gehen lassen, fingerdick ausrollen und in viereckige Stücke schneiden. Mit Marmelade füllen und zusammenklappen, mit zerlassener Butter bestreichen. Die Buchteln in eine hohe Pfanne einlegen, auf Abstand halten. Die Buchteln noch einmal mindestens eine halbe Stunde zugedeckt an einem warmen Ort stehen lassen. Bei 180 Grad goldbraun backen. Dann sofort trennen und mit reichlich Puderzucker bestäuben. Warm und mit heißer Vanillesoße servieren.

Tipp: Statt der Marmelade kann man auch Quark, Pflaumenmus oder Mohn zum Füllen verwenden.

Hammeltopf nach Henriette Hofbauer, um 1894

600 g Hammelfleisch, ausgelöst, (günstig ist Schulter),
600 g Kartoffeln, 2 große Zwiebeln,
2 EL Schweineschmalz,
Salz und Pfeffer nach Geschmack, reichlich Paprika (edelsüß)

Das Fleisch in große Stücke schneiden, mit der grobgehackten Zwiebel in dem Schweineschmalz anbraten. Salz, Pfeffer und Paprika zugeben. Mit kochendem Wasser bedecken und fast gar dünsten. Jetzt die Kartoffeln schälen, abwaschen und in haselnussgroße Stücke schneiden und dazugeben. Falls notwendig, noch kochendes Wasser zugeben, so dass alles damit bedeckt ist. So lange kochen, bis alles weich ist. Dieser Eintopf muss so dick sein, dass er mit der Gabel gegessen werden kann.

Teplitz-Schönau um 1910, Schlackenburg und Studentenheim

Reichenberg in Böhmen um 1910

Rehberg im Böhmerwald um 1920

Leberknödel
nach Henriette Hofbauer, um 1900

500 g Weißbrot oder auch altbackene Semmeln,
300 g Schweineleber oder Rindsleber,
50 g Räucherspeck, 1 große Zwiebel,
Salz und Pfeffer nach Belieben,
1 EL gehackte Petersilie, 1/4 l Milch,
1 Ei, 50 g Weizenmehl,
Kartoffelstärke zum Bemehlen der Leberknödel

Das Weißbrot in kleine Würfel schneiden. Leber, Speck und Zwiebel durch die feine Fleischwolfscheibe drehen und zu den Weißbrotwürfeln geben. Gut miteinander vermengen. Milch, Ei und Weizenmehl miteinander mischen und zu den anderen Zutaten geben. Jetzt kräftig mit Salz und Pfeffer würzen. Die rohe Masse abschmecken, sie muss leicht überwürzt sein. Die gehackte Petersilie dazugeben und eine gute Stunde an einem kühlen Ort stehen lassen.
Einen großen Topf mit Salzwasser aufsetzen und die Masse noch einmal durchmengen. Mit feuchten Händen kleine Klopse formen und in Stärkemehl wälzen, ins sprudelnde Salzwasser geben. 15 Minuten sollten die Leberknödel auf kleiner Flamme gar ziehen.
Im Restaurant am Schlossberg, Teplitz-Schönau wurde diese Spezialität sehr oft gekocht.

Rotweinporree
nach Henriette Hofbauer, um 1900

600 g Porree, nur die grünen Abschnitte verwenden,
4 EL Sonnenblumenöl, 1/4 l Rotwein, trocken,
Salz und Pfeffer nach Geschmack, 1 TL Speisestärke,
2 Prisen Liebstöckel, fast pulverisiert

Den Porree in fingerlange Stücke schneiden und gut abspülen. Im Öl ringsum anbraten, mit dem Rotwein ablöschen und mit Salz und Pfeffer würzen. Gar dünsten und dabei immer wieder wenden. Die bissfesten Porreestangen auf eine Porzellanschale legen und in der Röhre (100 Grad) warm halten.
Den Rotweinporreekochfond jetzt auf die Hälfte einkochen lassen und mit der in kaltem Wasser angerührten Speisestärke binden. Alles noch einmal aufkochen lassen. Kurz vor dem Servieren Liebstöckel dazugeben. Den Porree auf die Teller verteilen und die Soße darüber gießen.
Dazu gab es einfachen Kartoffelbrei aus Kartoffeln, Milch und Butter.

Teplitz-Schönau um 1910

Powidldatschkerln nach Henriette Hofbauer um 1900

500 g Weizenmehl,
1 Ei, 100 g Butter,
100 ml Wasser (mit Selterwasser wird der Teig lockerer), 1 Prise Salz,
Pflaumenmus für die Füllung (Powidl = Pflaumenmus), 100 g Butter,
Zucker und trocken geröstetes Semmelmehl zum Bestreuen

Das Mehl, Ei und Wasser sowie die Butter zu einem geschmeidigen Teig kneten. Eine halbe Stunde ruhen lassen. Ausrollen und kleine Vierecke aus dem Teig schneiden. Auf jedes Viereck einen Kaffeelöffel voll Pflaumenmus geben. Die Teigtaschen zu Dreiecken zusammenlegen und an den Rändern gut zusammendrücken (hier hilft eine Gabel). Die Pflaumenmuseckchen in sprudelndes Salzwasser geben und 5 Minuten gar ziehen lassen. Herausnehmen, abtropfen lassen und auf eine vorgewärmte Porzellanschale geben. Mit heißer Butter überträufeln, mit Zucker und angeröstetem Semmelmehl bestreuen.

Eine süße Spezialität in der Gastwirtschaft Greiner-Hütte unterhalb vom Schlossberg.

Lotti Kußmaul,
geborene Hofbauer,
um 1912

Reis-Quark-Auflauf nach Lotti Kußmaul

Lotti Kußmaul war keine besonders gute Köchin, denn immer wenn ihre Schwester mit ihrer Familie in der Villa Kußmaul zu Besuch war, holte man das Essen aus der nahen Gastwirtschaft. Aber der Reis-Quark-Auflauf war Lottis Spezialität.

1 Glas Kompottkirschen (ca. 500 g Kompottkirschen),
250 g Rundkornreis, 1/2 l Milch, 150 g Zucker,
350 g Magerquark, durch ein Haarsieb gestrichen,
1 Päckchen Vanillezucker, Zimt und Zucker nach Bedarf,
3 Eier, trennen, das Eiklar steif schlagen,
je 50 g Semmelbrösel und Butterflöckchen, 2 TL Speisestärke

Kirschen abtropfen lassen, den Saft auffangen. Den Reis in der Milch und mit dem Zucker bissfest kochen, erkalten lassen. Den Quark, Eigelb, Vanillezucker und den Reis zusammenrühren. Den steifen Eischnee unterheben und die Hälfte der Masse in eine gefettete Auflaufform geben. Die abgetropften Kirschen darauf geben und dann den Rest der Reis-Quarkmasse als Abschluss auffüllen. Zuletzt Semmelbrösel und Butterflöckchen über den Auflauf verteilen. Bei 180 Grad gut 45 Minuten backen lassen.
Den Kirschsaft mit der angerührten Speisestärke aufkochen. Zimt und Zucker über die einzelnen Auflaufportionen streuen und die Kirschsauce darum gießen.

Erna Kornfeld,
geborene Hofbauer
mit ihrem Sohn
Eberhard Friedrich,
Weihnachten 1924

Gemüsebraten nach Erna Kornfeld

500 g Möhren, 500 g Erbsen,
250 g Mais, 250 g Bohnen, grün, 200 g Weißbrot,
2 große Zwiebeln, in feine kleine Würfel geschnitten,
50 g Räucherspeck, 2 Eier, 2 EL Grieß,
Salz, weißer Pfeffer und Paprika (edelsüß),
Margarine zum Ausfetten der Backform

Alles Gemüse in einem Topf in Salzwasser bissfest garen und in einem großen Sieb abtropfen lassen. Das Weißbrot einweichen und gut ausdrücken. Dann das Gemüse und das Weißbrot durch die grobe Fleischwolfscheibe drehen. Auf den stark angebratenen Speck die Zwiebelwürfel geben und dünsten. Das Speck-Zwiebel-Gemisch zum Gemüsebrei geben, ebenso die zwei Eier und den Grieß. Die Gemüsebratenmasse nach Geschmack mit Salz, Pfeffer und Paprikapulver würzen.

Die Masse zu einem länglichen Braten formen und in eine gefettete Backform geben. In der Backröhre bei Mittelhitze (180 Grad) 45 Minuten backen.

Für die Soße den Kochfond vom Gemüse auf ein Minimum einkochen lassen und mit etwas angerührtem Stärkemehl binden.

Dazu, so erzählte mir Herr Kornfeld, gab es immer einen einfachen Kartoffelsalat aus Kartoffeln, Äpfeln, sauren Gurken und Mayonnaise.

Teplitz-Schönau um 1910
Schlossberg

„Von Dresden aus machten wir auch noch eine große Streiferei nach Teplitz, 8 Meilen, eine herrliche Gegend, besonders von dem nahegelegenen Schlossberge aus, wo das ganze Land aussieht wie ein bewegtes Meer von Erde, die Berge wie kollosalische Pyramiden, in den schönsten Linien geformt, als hätten Engel im Sande gespielt –."

Heinrich von Kleist, Als hätten Engel im Sande gespielt.

Elfriede Zeidler aus Wallern

Elfriede Zeidler
um 1925

„Das ist eine wunderliche Stadt, wo man vor Zeiten Tiroler angesiedelt hat, und die haben sich eine Tiroler Holzstadt errichtet, mit Tiroler niedrigen Dächern und Steinen darauf und mit Alpenwiesen ringsum und mit der Sprache von Wallern, die manchmal der deutschen ähnlich ist. Leider ist vor Zeiten ein Teil von Wallern niedergebrannt, aber auch so sind die Wallerer Wallerer geblieben, als ob sie auf einer Insel lebten…"

Karel Čapek, 1955

Elfriede Hrousek wurde 1905 in Wallern (Volary) im Böhmerwald geboren. Die Eltern arbeiteten zwar auf einem gutgehenden deutschen Bauernhof, doch das junge Mädchen wollte gern etwas „Besseres" werden. Die heranwachsende Elfriede suchte sich eine Lehrstelle in der Stadt.

Wallern im Böhmerwald 1920

Sie wurde Lehrmädchen in einer deutschen Konditorei in Grottau (Hradek nad Nisou) bei Reichenberg. Von Grottau aus war es nicht weit bis nach Zittau. Hier lernte die hübsche Elfriede den jungen Zollbeamten Oskar Zeidler kennen und verliebte sich in ihn.
Die Eltern Hrousek waren zunächst vom deutschen Familienzuwachs nicht begeistert, dennoch wurde 1929 geheiratet und drei Jahre später kam Enkel Heinz in Grottau zur Welt. Seinen Vater lernte Heinz nicht kennen, denn 1935 ließen sich die Eltern scheiden. Oskar Zeidler störte auf einmal die Herkunft seiner Frau.
Heinz Zeidler erinnert sich, dass die Mutter mit ihm bis zur Vertreibung 1947 einige Male zu den Großeltern Hrousek nach Wallern fuhr. Ihre Arbeit als Büroangestellte in einer Färberei ließ der Mutter aber nicht oft Zeit für solche Ausflüge.
Im Jahre 1949 – nach zwei langen Jahren des Heimatsuchens in Ostdeutschland – fanden die Zeidlers schließlich im südthüringischen Sonneberg ein neues Zuhause.
Erst 1977 besuchten Elfriede Zeidler und ihr Sohn das erste Mal die alte Heimat wieder – Grottau und Wallern. Bis zum Tod von Elfriede Zeidler im Jahre 1979 fuhren sie dann einmal jedes viertel Jahr in die Heimat der Mutter.
Elfriede Zeidler begann früh, eine Art Familienkochbuch zu führen, in dem sie die Küchenrezepte ihrer Großmutter und ihrer Mutter sammelte. In diesem Kochbuch fanden sich Rezepte für die im Sudetenland typischen Dalken, Liwanzen (Plinsen) und den selbstgemachten Käse. All diese Rezepte stehen in dieser oder sehr ähnlicher Art ebenfalls in den anderen mir zugesandten handgeschriebenen Kochbüchern.

Die Mutter von Elfriede Zeidler (Bildmitte): Hedwiga Hrousek (1872-1954), geborene Keckchic

Birnendalken nach Grottauer Art

40 g Hefe, 60 g Zucker, 1/2 l Milch,
1 kg Weizenmehl, 50 g Butter,
1 Eigelb, 1 TL Salz, gestrichen,
200 g Birnenmarmelade oder Birnengelee,
100 g Quark, trocken und geraspelt

In einer großen Schüssel Hefe mit Zucker verrühren, etwas lauwarme Milch dazugeben. Mit dem Mehl besieben und zugedeckt an einen warmen Ort stellen. Eigelb, zerlassene Butter, Salz und die restliche lauwarme Milch zufügen. Teig gut kneten und noch einmal an einem warmen Ort gehen lassen. Dann auf einem bemehlten Backbrett Krapfen formen und zugedeckt noch ca. 20 Minuten an einem warmen Ort gehen lassen. Die Krapfen dann auf ein gefettetes Backblech legen und mit etwas süßer Milch bestreichen. Im vorgeheizten Backofen bei 180 Grad goldbraun backen. Noch warm mit der Birnenmarmelade bestreichen und mit dem geraspelten Quark bestreuen.

Tipp:** **In anderen Familien wurden die Dalken mit Pflaumenmarmelade, Kirschmarmelade oder einfach mit Rübensirup bestrichen. Aber immer wird zum Schluss geraspelter oder klein zerkrümelter, trockener Quark darübergestreut.

Breitenbach in Böhmen um 1930

Böhmischer Hauskäse, um 1931

In der Zeit der Schwangerschaft mit ihrem Sohn Heinz war Elfriede Zeidler sehr dünn. Ihr Mann schickte sie zu einer Erholungskur nach Breitenbach in Böhmen. Bei ihren Wirtsleuten aß sie besonders gern den selbstgemachten Hauskäse. Sie übernahm die Speise in ihre Familie.

250 g Quark,
Salz und etwas Kümmel nach Belieben,
1 TL, gestrichen, Paprika (edelsüß),
4 EL helles Bier

Den Quark in ein Leinentuch geben und an einem kühlen Ort zwei Tage aufhängen. Dann den Quark zerbröckeln, mit Salz, Kümmel und Paprika vermischen, das Bier dazugeben. Wieder in ein anderes Leinentuch geben, zu einer Rolle drehen und mit Faden umbinden. An einem wärmeren Ort zwei Tage auf einer Porzellanplatte ruhen lassen. Oft drehen! Serviert wurde der Käse zu frischem, selbstgebackenem Brot.

Grottauer Liwanzen

20 g Hefe,
30 g Zucker,
1/2 l Milch,
300 g Weizenmehl,
1 Ei,
1 Prise Salz,
Fett, Butter oder Butterschmalz zum Backen in einer Pfanne,
Zimt und Zucker zum Bestreichen,
Apfelmus zum Bestreichen,
Himbeeren oder Himbeermark als Garnitur

Zerbröckelte Hefe mit dem Zucker in etwas lauwarmer Milch verrühren. Das Mehl in eine große Schüssel sieben, in der Mitte eine Mulde eindrücken und die Hefemilch hineingeben. Alles eine gute Stunde gehen lassen. Dann das Ei und Salz mit der handwarmen Milch verquirlen und vorsichtig unter den „Vorteig" kneten. Behutsam kneten und wieder zugedeckt an einem warmen Ort stehen lassen. Der Teig ist fertig, wenn er bis auf das Doppelte aufgegangen ist. Fett in einer Pfanne erhitzen und den Teig schön rund in die Pfanne geben, ca. 10 cm groß. Die goldbraun gebackenen Plinsen noch heiß im Zimtzuckergemisch wälzen und auf die Teller legen, mit Apfelmus bestreichen und obendrauf das Himbeermark geben.

Auch für die Zubereitung der Liwanzen fand ich in vielen handgeschriebenen Familienkochbüchern ähnliche Rezepte, nur der Belag variierte von Familie zu Familie – Himbeeren, Erdbeeren oder Heidelbeeren. – Liwanzen werden in einer speziellen Liwanzenpfanne gebacken.

Das Erinnerungskochbuch von Karl Grosse aus Johannesberg

Erinnerungsfoto an die Lehrzeit: Kochabschluss 1915, Bildmitte Karl Grosse

Karl Grosse (1896-1925) war erst vier Jahre alt, als seine Eltern bei einem Schiffsunglück nahe der englischen Küste ums Leben kamen. Der Vater Karl Eduard Grosse vertrieb Glasschmuck nach Übersee und die Mutter hatte ihn auf einer Reise nach England begleitet. Verwandte der Mutter aus Johannesberg (heute Janov nad Nisou), nahmen den verwaisten Jungen nach dem Tod der Eltern bei sich auf. Auch die Verwandten der Eltern waren in der Glasfabrik beschäftigt, für die Karls Vater als Geschäftsreisender unterwegs gewesen war. Die Tanten konnten alle sehr gut kochen und Karl entschied sich, nach seinem Schulabschluss 1912, eine Kochlehre im Kurhotel in Karlsbad aufzunehmen.

Als er im September 1915 ausgelernt hatte, musste er sofort in den Ersten Weltkrieg. Schon nach sieben Wochen kam Karl Grosse in russische Gefangenschaft nach Augustowo. Aus lau-

ter Heimweh begann er hier sein Küchenbuch, in dem er in schriftlicher Form die Gerichte seiner Kinder- und Jugendzeit festhielt, die er bei den Tanten gegessen hatte.
Im Jahre 1918 kehrte er nach Karlsbad zurück und konnte endlich in seinem Traumberuf als Koch arbeiten. Leider währte diese glückliche Zeit nicht lange, weil er an Tuberkulose erkrankte und seinen Beruf bald nicht mehr ausüben konnte. Mit nur 29 Jahren starb Karl Grosse in einem Pflegeheim nahe Karlsbad.
Das Johannesberger Kochbuch und die Fotos stellte mir die mit Karl Grosse verwandte Familie Seidel aus Auerbach im Vogtland zur Verfügung. Anne Seidel stammt ebenfalls aus Johannesberg und kam 1947 mit einem Transport nach Westdeutschland. Zehn Jahre später lernte sie in Berlin Rolf Seidel kennen und zog mit ihm ins vogtländische Auerbach.

Quark-Palatschinken nach Johannesberger Art

Diese Spezialität – auch als Quarkomeletten bekannt – war im Sudetenland allgemein beliebt. Als Karl Grosse mit einem Onkel zur Sommerfrische im herrlichen Widratal weilte, buk der junge Mann die leckeren Eierkuchen für die Herbergseltern.

Teig
500 ml Milch,
4 Eier,
200 g Mehl,
1 EL Zucker,
1 Prise Salz,
Butter zum Ausstreichen der Form

Füllung
200 g Quark,
2 Eier,
1 Päckchen Vanillezucker,
50 ml Milch

Den Teig aus den genannten Zutaten zubereiten und dünne Eierkuchen daraus backen. Die Palatschinken nach dem Backen sofort zusammenrollen und in eine gefettete Backform mit hohem Rand schichten.
Für die Füllung den Quark, die Eier, den Vanillezucker und die Milch zu einem dickflüssigen Brei schlagen. Diese Quarkmasse über die zusammengerollten Omeletten geben und bei 200 Grad Ober- und Unterhitze noch einmal backen.

Augustowo –
Kirche

Augustowo
Sondershäuser Hütte

Weißkraut auf sudetendeutsche Art

Aufgeschrieben in der russischen Gefangenschaft 1915

1 Weißkohlkopf, 1 große Zwiebel,
Salz, weißer Pfeffer, Kümmel,
Essig, Zucker nach Geschmack,
2 EL Weizenmehl

Weißkohlkopf putzen, vierteln, Strunk ausschneiden. Den Weißkohl in lange Streifen schneiden. Zwiebel feinwürflig schneiden und unter das geschnittene Weißkraut mischen. Alles in einen hohen Kochtopf geben und nur mit Salz, Pfeffer und Kümmel würzen. Mit Wasser begießen, so dass das Weißkraut gerade bedeckt ist. Auf kleiner Flamme dünsten, bis das Weißkraut bissfest ist. Das Weizenmehl in kaltem Wasser anrühren, unter das Weißkraut geben und nochmals aufkochen. Jetzt erst mit Zucker, Essig und evtl. Salz abschmecken.

Antiglhof im Widratal

Böhmische Speckknödel

150 g Speck, fett,
4 Doppelsemmeln, in Würfel schneiden,
400 ml Milch,
4 Eier,
300 g Weizenmehl,
Salz

Speck würflig schneiden und leicht anbraten. Herausnehmen, wenn die Speckwürfel kross sind. Die Semmelwürfel in das heiße Fett geben und ebenfalls anbraten. Die Speckwürfel warm stellen. Die angebratenen Semmelwürfel in eine große Schüssel geben, die Milch untermengen und dann erst die aufgeschlagenen, verrührten Eier beifügen. Vermengen, dann das Mehl darüber stäuben und alles zu einem zähen Teig verkneten. Knödel formen und ins siedende Salzwasser legen. Anschließend 20 Minuten gar ziehen lassen. Während des Garziehens immer wieder wenden. Nach den angegebenen 20 Minuten herausnehmen und sofort aufreißen. Die krossen Speckwürfel darüber streuen.

Das Schellmannkochbuch
Bensen um 1890

Anna Schellmann,
geb. Weber um 1928

Ungefähr 120 km von Prag entfernt liegt Bensen, eine kleine Stadt, die vor allem durch den ausgedehnten zweigeteilten Schlosskomplex bekannt ist. Das Schloss von Bensen an der Polzen (Benešov nad Ploučnicí) entstand in der Blütezeit der Renaissance, erbaut von dem Meißener Adelsgeschlecht Salhausen. Aus Bensen stammt Helieanne Schellmann. Viele Andenken in ihrer Wohnung erinnern noch heute an die alte Heimat. Darunter befindet sich auch das Familienkochbuch. Begonnen wurde es von Marie Weber (1873-1942), ihrer Großmutter mütterlicherseits. Sie gab es an ihre jüngste Tochter Anna weiter.

Anna Weber wurde 1908 als sechstes Kind von Marie und Anton Weber in Hermersdorf geboren. Das Mädchen besuchte die Bürgerschule in Bensen und dann die Handelsschule in Tetschen-Bodenbach. Nach ihrem Schulabschluss arbeitete Anna als Kontoristin bei den Gebrüdern Loewidt in Krochwitz und anschließend bei Schrötter in Bensen. Am 1.10.1935 heiratete sie den Webermeister Reinhard Schellmann, der in seiner Freizeit als Musiker in Gasthöfen auftrat. Nach der Vertreibung der Familie, die sie 1946 über das Ostseebad Kühlungsborn ins thüringische Gera führte, arbeitete Reinhard Schellmann als Berufsmusiker und schrieb sogar Bühnenmusik. Ab 1950 arbeitete er wieder als Webereimeister und qualifizierte sich mit 50 Jahren im Fernstudium zum Ingenieur für Textilindustrie. Er starb 1975 in Gera.
Die Schellmanns hatten vier Kinder, von denen heute nur noch Helieanne Schellmann lebt und als Technikerin in einer Wetterstation in Gera arbeitet.

Das Schellmann-Brot

40 g Hefe oder 1 Päckchen Trockenhefe,
100 ml Wasser (handwarm),
2 EL Weizenmehl,
1 kg dunkles Roggenmehl,
1 TL Kümmel, gemahlen,
1 TL Fenchel,
1/2 TL Salz,
eine gekochte Kartoffel, gepellt und durchgedrückt,
300 ml Wasser für den Teig

Aus 100 ml lauwarmem Wasser, dem Weizenmehl und der zerbröselten Hefe einen Vorteig herstellen. Zudecken und gehen lassen. Das Roggenmehl in eine große Schüssel geben und mit Salz, Kümmel, Fenchel und der durchgedrückten Kartoffel gut vermischen. 300 ml handwarmes Wasser dazugeben und alles mit dem Vorteig vorsichtig vermischen. Den Teig in einer zugedeckten Schüssel an einem warmen Ort mindestens eine Stunde gehen lassen.
Dann aus dem Teig ein rundes Brot formen, auf ein gefettetes Backblech legen und noch eine viertel Stunde gehen lassen. Das Brot in die Röhre geben und bei 200 Grad eine viertel Stunde backen. Hitze auf 130 Grad zurückstellen und das Brot noch eine weitere dreiviertel Stunde backen. Während der Backzeit das Brot mindestens drei- bis viermal mit lauwarmem Wasser bepinseln.

Bensen um 1900

Kartoffelfladen (Dalken) mit Pflaumenmus

1 kg Kartoffeln,
200 g Weizenmehl,
2 Eier,
Schweineschmalz zum Bestreichen der Fladen,
Pflaumenmus zum Füllen

Die Kartoffeln in der Schale kochen, abpellen und durch eine Raspel reiben. Das Mehl zugeben und nach und nach die Eier unterarbeiten. Den Teig so lange kneten, bis er nicht mehr am Holzbrett klebt.

Den Teig in gleich große Stücke teilen und auf dem bemehlten Holzbrett zu runden Fladen (20 cm Ø) ausrollen. Diese auf der Herdplatte oder in der Pfanne trocken backen. Die trocken gebackenen Fladen nochmals in einer Pfanne mit heißem Schmalz knusprig braten. Dann die Fladen dick mit Pflaumenmus bestreichen, zusammenrollen, eng zusammenlegen und servieren.

Die Eltern von Anna Weber:
Marie Weber
(1873-1942) und
Anton Weber (1873-1936)

Bensener Musik
1936

Hochzeit
von Anna Weber und
Reinhard Schellmann
1935 in Bensen

Zwetschkenknödel nach Schellmann-Art

250 g Weizenmehl,
75 g Butter,
1 Prise Salz,
1/2 l Milch,
4 Eier,
500 g Zwetschken, entkernen und ganz lassen,
150 g Quark, abgehangen und hart,
100 g Butter,
1 EL Zucker,
1 TL Zimt

Die Milch mit 75 g Butter zum Kochen bringen. Nach und nach das ganze Mehl zuschütten. So lange unter Hitze rühren, bis sich der Teig zu einem Klumpen geformt hat und nicht mehr an der Topfwand oder dem Topfboden kleben bleibt. Den Teig in eine Schüssel geben und, nachdem er etwas abgekühlt ist, die Eier nach und nach dazugeben. Kräftig rühren und kneten. Auf einem stark bemehlten Brett den Teig so lange formen und kneten, bis er glänzt.
Den Teig etwas ausrollen und in gleiche Stücke teilen. In jedes Teigstück eine Zwetschke legen und den Teig darum hüllen.
Die Zwetschkenknödel in Salzwasser 10 Minuten leicht köcheln. Beim Herausnehmen vorsichtig abtropfen lassen.
Den harten Quark mit einer Reibe grob raspeln und über die Knödel geben, die gebräunte Butter darüber träufeln und mit Zucker und Zimt bestreuen.

Tipp: In anderen Kochbüchern aus dem Sudetenland fand ich ähnliche Zwetschkenknödelrezepte. Es war auch nicht ungewöhnlich, in die Zwetschken vor der Umhüllung mit Teig jeweils ein Stück Würfelzucker zu geben.

Die deftigen Gerichte der Familie Pleyer aus Soos

Familienfoto um 1935 in Zamlekov

Die reichen Naturquellen Westböhmens haben alle zeitgenössischen Kurorte im westböhmischen Kurdreieck ins Leben gerufen. 1964 richtete die Tschechoslowakische Republik in und um Soos einen einzigartigen Naturschutzpark ein. Jenny Funke, geborene Pleyer, die in dieser Gegend aufwuchs, ist auf ihren Geburtsort sehr stolz. Sie freut sich über jede Gelegenheit, ihre alte Heimat zu besuchen und über Reiseerzählungen ihrer Bekannten.

Die Familie Pleyer war in Katharinadorf-Soos, Gemeinde Rohr im Kirchspiel Trebendorf zu Hause. Georg Pleyer und später auch der Sohn Adam arbeiteten in der Kaolingrube. Das Kaolin, eine kieselsaure Tonerde, die für die Porzellanindustrie verwendet wurde, abzustechen, war für die Männer körperlich schwere Arbeit. Sie plagten sich von Montag bis Samstag, die 40-Stunden-Woche war damals nur ein Traum. Die Tonerde wurde mit dem Spaten im Tagebau abgestochen, in kleine Loren geschaufelt, dann in größere Eisenbahnwaggons umgeladen und in die Porzellanindustriebetriebe gefahren.

1893 heiratete Georg Pleyer die Tschechin Johanna Madera (1876-1939) aus Zamlekov. Sie gilt als die Begründerin der gehaltvollen und schmackhaften Familienküche. Häufig brachte sie den Männern das Mittagessen in einem Henkeltopf in die Kaolingrube. Das nahrhafte Essen musste einen Ausgleich für die anstrengende und kräftezehrende Arbeit schaffen.
Sohn Adam Pleyer (1904-1954) heiratete Margarete Rieger (1905-1974) aus Pürgles bei Falkenau (Sokolov) und begründete mit ihr eine Familie. 1926 wurde der Sohn Rudolf geboren, 1930 die Tochter Jenny. Neben dem Haushalt arbeitete Margarete Pleyer von Mai bis Oktober als Saisonkraft im Moor in Soos und stach Torf. Der Torf wurde getrocknet und in die Kurkliniken nach Marienbad, Franzensbad und Karlsbad gefahren. Bis 1945 arbeiteten sehr viele Frauen des Ortes dort. Die 1946 einsetzende Vertreibung beendete für Margarete Pleyer diese Tätigkeit.
Die Pleyers fanden in Gera, in Ostthüringen, eine neue Heimat. Obwohl Jenny Funke nun schon über 50 Jahre hier lebt, verrät ihr Egerländer Dialekt noch immer ihre eigentliche Herkunft. Und obwohl sie beim Verlassen der Heimat noch sehr jung war, zählen die Erinnerungen an die Kinder- und Jugendzeit in Soos zu ihrem wertvollsten Besitz.
Gern erinnert sich die heute 75-Jährige an ihre beiden Onkel, die in der Musikkapelle des Kapellmeisters Ott mitspielten. In lebhafter Erinnerung sind ihr auch die schönen Schützenvereinsfeste geblieben, obwohl das letzte vor Ausbruch des Zweiten Weltkrieges stattfand. Viele Männer aus dem Schützenverein vom Kirchspiel Trebendorf wurden eingezogen und ein großer Teil kehrte aus dem Krieg nicht wieder heim.
Seit Ende der 50er Jahre besucht Jenny Funke mit ihrer Familie regelmäßig Verwandte und Bekannte im Egerland. Überall sind sie sehr herzlich willkommen. Heute fährt Jenny Funke oft mit der Vogtlandbahn bis nach Eger, wo sie in Erinnerungen schwelgen kann. Manchmal besucht sie auch die Gräber der Verwandten.
Die gehaltvolle Küche von Großmutter und Mutter ist heute zwar nicht mehr lebensnotwendig, dennoch kocht Jenny Funke manchmal eines dieser traditionellen Rezepte nach. Für dieses Buch stellte sie einen Speiseplan aus vergangenen Zeiten zusammen. Sie betonte in diesem Zusammenhang, dass auf Grund der schweren körperlichen Arbeit des Großvaters und Vaters für das Essen viel Hauswirtschaftsgeld ausgegeben wurde. So sei es auch in den anderen Familien oder bei den Nachbarn gewesen.

Wochenplan für diverse Mittagsmahlzeiten

Sonntag

Vorspeise
Brühe vom Rind oder Geflügel, Einlage von Grieß und Reis
Eierflocken und Leberknödel

Mittag
Schweinebraten, Sauerkraut, Semmelknödel
Schweinebraten, Bayerisches Kraut, Grüne Klöße
Rinderroulade, Rotkraut, Kartoffelklöße
Kaninchenbraten, Sauerkraut oder Rotkraut, Kartoffelklöße
Schweineschnitzel, Salzkartoffeln, dicke Möhren oder Kohlrabi

Montag
Eintöpfe aus Möhren, Kohlrüben, Hülsenfrüchten, Graupen oder Kuttelfleckensuppe

Dienstag
Kartoffelbrei mit gebratener Leber oder gebratenem Hackfleisch
Rinderbraten, Kartoffelknödel, Weißkrautsalat
Wurstgulasch aus Dauerwurst (Jagdwurst o. ä.), Makkaroni

Im Sommer und im Herbst war es üblich,
dass es frische Pilze, zu einem Ragout gekocht, zu Kartoffelknödeln gab.

Mittwoch

Vorspeise
Nudeln oder Reis in Fleischbrühe

Mittag
Eierkuchen, Hefeplinsen, Kartoffelpuffer, dazu immer Kompott, Preiselbeeren oder Heidelbeeren
Hefeknödel mit Pflaumenmussoße oder Zucker-Zimt-Butter

Donnerstag
Schweinegulasch mit Knödeln, Reis oder Makkaroni
Kuttelflecken, süßsauer, mit Soße und Knödeln
Gebratene Rippchen mit Soße, Sauerkraut und Kartoffeln
Kochrindfleisch, Krensoße (Meerrettichsoße), Klöße

Freitag
Fisch, gebraten, Kartoffelsalat
Rühreier oder Spiegeleier, Spinat, Kartoffeln
Fisch, gedämpft, Senfsoße, Kümmelkartoffeln
Kartoffelsuppe, dazu Apfelstrudel

Samstag
Milchreis oder Grießbrei, Kompott
Gebackener Blumenkohl, Bratkartoffeln

Großvater Pleyer (1875-1937) im Tontagebau, vordere Reihe, zweiter von rechts

Die Abendmahlzeiten

Brot mit Butter oder Margarine, dazu Magerkäse, Rührei, Fett, Salzheringe. Brot geröstet, mit Knoblauchbutter bestrichen oder geröstetes Brot mit Knoblauchzehen abgerieben.
Frisches Schwarzbrot, mit Knoblauchzehen abgerieben und dann geröstet (auch „Baschnitz" genannt).

Brotsuppe mit viel Knoblauch: Dafür Brotstücke in eine Schüssel geben, mit kochendem Wasser übergießen. Entsprechend den Vorräten in der Speisekammer wurden angebratene Speck- und Zwiebelwürfelchen heiß dazugegeben. Gewürzt mit Salz und zerkleinerten Knoblauchzehen. Es wurden aber auch oft Reste vom Mittag zum Abendbrot gegessen. Am Samstagabend gab es oft warm gemachte Wurst und frische Semmeln. Am Sonntagabend kamen Fisch, Käse und manchmal selbstgemachte Sülze auf den Tisch. Mutter Margarete bereitete meist Salate aus grünen Gurken, aus Weißkraut und Kopfsalat zu. Kompotte wurden gewöhnlich aus Heidelbeeren, Himbeeren, Preiselbeeren oder Brombeeren zubereitet.
Zu trinken gab es häufig Bier von der Egerer Aktienbrauerei und selbst gemachten Saft aus Obst der Umgebung. Kräutertee wurde aus selbst gepflückten Kräutern von den Wiesen der Umgebung hergestellt. Auch Milch, Malzkaffee und Kakao gab es zum Abendessen. Aus den Quellen, die überall sprudelten, holten die Kinder aus dem Dorf große Krüge voll von dem erfrischenden, etwas sauren Wasser. Es schmeckte wie gutes Selterwasser.

Schützenverein im Kirchspiel Trebendorf: Dieses Foto entstand zur Fahnenweihe, wahrscheinlich 1935.
Die Dame in der Mitte ist die Tochter des Gastwirts Sandner. Sie war die Patin der Fahne.
Der Spitzname des Gastwirts war „Schirl“.
Jeder hatte seinen Spitznamen und so hießen alle männlichen Pleyers „Schicker“.
Die Spitznamen waren in der Regel sog. „Hausnamen“, meist des ersten Hausbesitzers.

Halbseidene Knödel mit Pilzsoße

1 kg noch heiß durchgedrückte Kartoffeln,
250 g Kartoffelmehl,
1 Tasse heißes Wasser oder Milch,
Pilze, Fleischbrühe,
Salz, Pfeffer,
frisches oder getrocknetes Selleriekraut,
Mehlschwitze, Essig

Die durchgedrückten Kartoffeln mit Kartoffelmehl und Salz vermengen, heiße Milch oder Wasser dazugeben. Einen Teig kneten und Knödel formen. Nur aufkochen, dann ziehen lassen. Die geputzten, zerkleinerten Pilze in Wasser oder auch Fleischbrühe ansetzen. Salz, Pfeffer und frisches oder getrocknetes Selleriekraut dazugeben. Weich kochen und mit einer Mehlschwitze binden. Nach Belieben mit etwas Essig abschmecken.

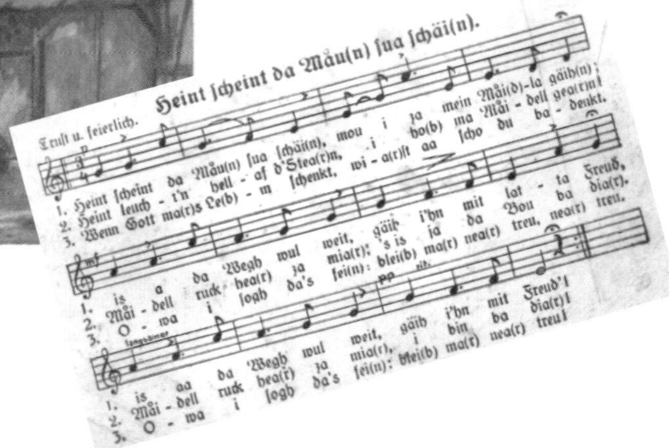

Egerländer Volkslied

Kartoffelsuppe nach Sooser Art

Salz, schwarze Pfefferkörner,
2 große Möhren, 1 Strauß Petersilie,
1 Sellerieknolle, 1 Zwiebel, 3 Knoblauchzehen, 1 Wirsing,
250 g frische Pilze oder 50 g getrocknete,
4 Kartoffeln (ca. 350 g), Majoran und Thymian,
1 EL Weizenmehl, 1 EL Schweineschmalz, 2 Kohlrabi

Zwei Liter Wasser mit Salz in einem großen Topf ansetzen. Die Möhren, die Kartoffeln, die Kohlrabi und den Sellerie putzen, in kleine Würfel schneiden und dann in sprudelndes Salzwasser geben. Den Wirsing in dünne Rauten und die Pilze in dünne Scheiben geschnitten ebenfalls dazugeben. Die Petersilie hacken und beiseite stellen.
Die Zwiebeln in kleine Würfel schneiden und in einer kleinen Pfanne in dem Schmalz andünsten, mit dem Weizenmehl bestäuben. Dann an den Eintopf geben und noch einmal alles aufkochen lassen. Mit Majoran und Thymian würzen und zuletzt die mit Salz verriebenen Knoblauchzehen dazugeben. Noch einmal aufkochen lassen. Kurz vor dem Servieren die gehackte Petersilie dazugeben.

Musikkapelle Ott – hier spielte auch Georg Grimm, ein Onkel von Jenny Funke, Trompete. Nicht nur im Egerland bestanden Streich- und Blasorchester, in fast jeder Familie gab es Hobby-Musiker. Im ganzen Sudetenland war die böhmische Musikantentradition verbreitet und die zahlreichen Musikschulen wurden gern besucht.

Sooser Pilzauflauf mit Graupen

250 g Graupen,
Salz und schwarzer Pfeffer, gemahlen,
750 g Pilze, frisch und geputzt oder 50 g getrocknete Pilze,
250 ml Milch, 4 Knoblauchzehen,
Majoran und Thymian nach Bedarf (soll nicht vorschmecken)

Die Pilze schneiden und waschen, abtropfen lassen und eine Stunde in der Milch einweichen. (Getrocknete Pilze drei Stunden in der Milch einweichen.)
Die gut gespülten Graupen in Salzwasser köcheln. In einem Bräter den klein gewürfelten Speck anbraten und darauf die Pilze mit der Milch geben. Durchdünsten und die Graupen dazugeben, gut durchrühren. Die mit Salz zerdrückten Knoblauchzehen, Majoran und Thymian beifügen und alles verrühren, abschmecken. Den Bräter in die Röhre schieben und eine halbe Stunde bei 180 Grad backen lassen.

Erinnerungen von Marianne Gäbler aus Labant

Labanter Schulklassen von 1912

Heimat ist heutzutage oft nur ein Begriff, der wenig Emotionen auslöst. Für Marianne Gäbler, die ich bei einem Treffen ihrer Sudetengruppe kennen lernte, bedeutet Heimat mehr. Sie leidet noch heute seelisch unter dem Verlust ihrer Heimat, die sie als Kind verlassen musste.

Jeder, der eine glückliche Kindheit erlebte, erinnert sich gern an die Menschen und Orte, die mit dieser Zeit verbunden sind. So geht es auch jenen, die erst im betagten Alter ihre Heimat wieder besuchen können.

In diesem Kapitel habe ich mehrere Briefe, die Marianne Gäbler an mich schrieb, wörtlich übernommen, um einen besseren Eindruck von diesem sich über alle Grenzen hinwegsetzenden Heimatgefühl vermitteln zu können.

Marianne Gäblers Erinnerungen an das südliche Egerland

Ich erinnere mich sehr gut an die Kindheitstage in meiner Heimat, wo ich voll ins Dorfleben integriert war, mich geborgen fühlte, wo mir auch Grenzen gesetzt waren.
Seit vielen Generationen verlief das Dorfleben in geregelten, wenig veränderten Bahnen. Die Leute waren fest verwurzelt und kamen immer wieder nach Hause zurück, wo immer sie auch im Sommer gearbeitet hatten. Die Männer als Maurer und Zimmerleute und die unverheirateten Mädchen, selten auch Ehefrauen und Mütter, als Zimmermädchen, Bedienung, Küchenhilfen und Kaffeeköchinnen – fast alle im Umland der Kurbäder Marienbad und Karlsbad. Eine entfernte Verwandte, eine Tante meiner Mutter, hatte zum Beispiel für 120 Personen zu kochen und bekam dabei oft Hilfe von jungen Mädchen aus unserem Dorf zu den umfangreichen Vorbereitungen.
In einem Hotel oder einer Pension Kaffeeköchin gewesen zu sein, galt als etwas ganz Besonderes. Diese Frauen waren im Dorf sehr angesehen. Ebenso geachtet war eine junge Frau aus dem Dorf, die als Kaffeerösterin arbeitete. Jeden Vormittag bediente sie eine riesige Kaffeerösttrommel, eine sehr anstrengende Arbeit.
Die jungen Leute zogen aus, um in der Fremde das Geld für eine Familiengründung zu erarbeiten. Nach dem Ersten Weltkrieg ging das Bestreben dahin, ein neues, ganz modernes Haus zu bauen. Mit elektrischem Strom, Innentoilette, einer eigenen Senkgrube und fließendem Wasser aus der Wand …
Vor allem Familienhäuschen mit mehr Platz für Kinder waren gefragt. Die Kinder freuten sich unheimlich darauf. So manches würde dann ein eigenes kleines Reich haben. Die Männer dachten auch schon in die Zukunft, die Dachgeschosse waren alle ausbaufähig gestaltet – für die Kinder. Da sich die Familienväter im Dorf gegenseitig kostenlos halfen, waren diese Pläne gut durchführbar und so manches Haus steht heute noch in „unserem“ Dorf.

So arm die Leute auch waren, es gab in jedem Dorf ein eigenes Kulturleben. Einerseits bildete die Kirche mit dem Pfarrer einen kulturellen Mittelpunkt im Ort. Dazu trug die sonntägliche Predigt viel bei, die immer auch dörfliche Informationen an die großen und kleinen Bewohner weitergab. Die Ausgestaltung der Kirche, die vielen Gemälde, Altarbilder und Kreuzwegbilder – alles vermittelte einen Eindruck von bildender Kunst. Auf den kleinen Heiligenbildchen, die die Kinder vom Herrn Pfarrer zur Belohnung bekamen, waren immer berühmte Gemälde abgebildet. Dazu die herrliche Orgelmusik! … Erinnerungen steigen auf und man kann, wenn man Orgelmusik hört und dabei die Augen schließt, die Kindheit förmlich wie in einem Film vor sich ablaufen lassen. Dabei wurde in fast jedem Haus selbst musiziert. Geigen, Zupfinstrumente und Blasinstrumente waren oft vom Vater oder von den Großeltern noch im Familienbesitz. Zu manchen Zeiten gab es in unserem Dorf drei Musikkapellen und das bei etwa 650 Einwohnern. Diese Kapellen spielten in den zwei Dorf-Gaststätten oft zum Tanz auf. Einige der Musiker besuchten das Konservatorium in Prag und waren nach 1945 in bekannten Kapellen oder Orchestern engagiert.

Durch den Zweiten Weltkrieg gab es natürlich einen großen Bruch, so dass ich die vielen Geselligkeiten, u.a. auch das Faschingstreiben, nur aus Erzählungen kannte und mich freute, nach dem hoffentlich bald beendeten Krieg an diesen schönen Dingen teilhaben zu können.
Aber es kam alles ganz anders. An so etwas hätten die Eltern und Großeltern nie gedacht.

Vertreibung nach Mecklenburg

Die Vertreibung war für die Menschen ein Schock, der bis heute noch nicht überwunden ist. Plötzlich waren alle heimatlos! Die Koffer, die Rucksäcke und die zusammengebundenen Kissen und Federbetten, welche man oft bei der hektischen Flucht verlor ... Alle waren arm, heimatlos und fremd, fanden sich entwurzelt in einer anderen Welt wieder. Man sah nicht mehr die Sonne aufgehen am Ende des vertrauten Dorfes, man hatte keine Spielkameraden mehr.

Im Westen achtete man wenigstens darauf, dass möglichst viele Dorfbewohner, die sich kannten, an einen Ort kamen. So konnte das erlittene Leid durch das gemeinsame Streben, sich wieder eine Existenz zu schaffen, verarbeitet werden.
In der Sowjetischen Besatzungszone wurde es anders gehandhabt. Es schien, als verteilte man die Heimatlosen „bewusst" in alle Himmelsrichtungen der Besatzungszone. Der Heimatgedanke sollte nicht mehr gepflegt werden, die Menschen sollten alles sehr schnell vergessen und ihr Denken, Handeln und Tun für den Aufbau des Kommunismus einsetzen. Es wurde eine schnelle Integration angestrebt.

Unsere Familie wurde nach Mecklenburg geschickt. Da mein Bruder vor dem Abitur stand, wies man uns in Waren ein.
Den Kontakt zu den Großeltern und anderen Familien aus unserem Dorf zu halten, war sehr schwierig, da es die ersten Jahre sehr unzuverlässige Bahn- und Busverbindungen gab.
Mecklenburg war für uns der extremste Bruch, den man sich überhaupt vorstellen kann. Statt des bisher gewohnten, ländlichen Gemeinschaftslebens in lieblicher, bergiger Landschaft, im eigenen, neugebauten Haus mit Grund und Boden, den keiner einem nehmen kann, wie man geglaubt hatte, kehrte sich jetzt alles ins Gegenteil.
Die alte Lebensweise, geprägt von Gemütlichkeit, Geborgenheit und Liebenswürdigkeit gegenüber den Nachbarn, hatte sich gewandelt in beengtes Wohnen zur Untermiete, in fremder, kalter Gegend mit Menschen, die so anders waren. Die Bauernhöfe voll mit dem Hab und Gut der hungernden „dummen" Städter, die für einen Beutel Korn oder ein paar Eier den wertvollen Familienschmuck hergegeben hatten.
Keine Hoffnung auf Änderung, nur Spötteleien unter den einheimischen Kindern, die manchmal ausarteten in Grausamkeiten. Kinder können sehr grausam sein! Man sprach zwar eine Sprache, aber doch unterschiedlich ausgesprochen und verstanden. Man wollte sich auch nicht gegenseitig verstehen.

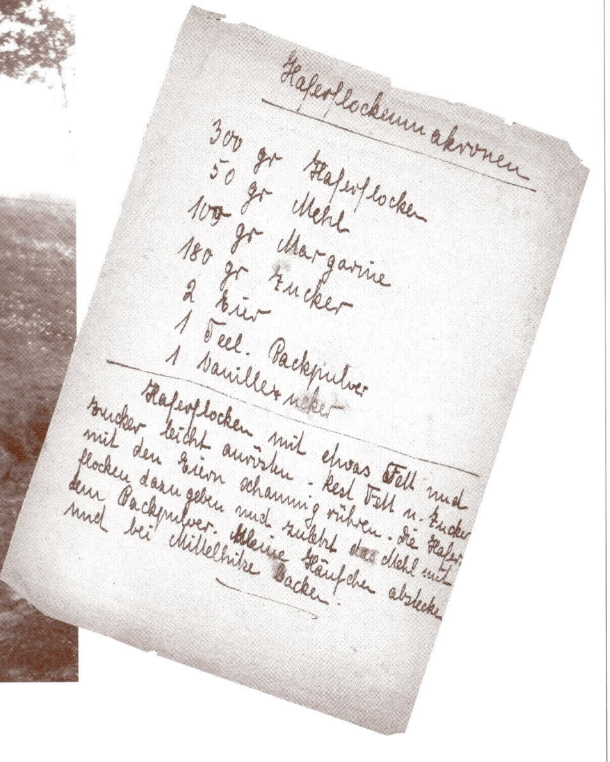

Haferflockenmakronen

300 gr Haferflocken
50 gr Mehl
100 gr Margarine
180 gr Zucker
2 Eier
1 Teel. Backpulver
1 Vanillezucker

Haferflocken mit etwas Fett und Zucker leicht anrösten. Rest Fett u. Zucker mit den Eiern schaumig rühren. Die Haferflocken dazu geben und zuletzt das Mehl mit dem Backpulver. Kleine Häufchen abstechen und bei Mittelhitze backen.

Die Mutter von Marianne Gäbler

Sudetendeutsche Küche fern der Heimat

Was das Kochen anbetraf … es gab nicht viel zu kochen und es musste anders gekocht werden, weil die gewohnten Zutaten, die oft selbst erzeugt waren, sehr fehlten.
Diesen Bruch haben meine Eltern nie verkraftet. Bei uns Kindern war es sicher etwas leichter, obwohl mir die vertraute Umgebung, unsere Berge und meine Freundinnen sowie die damalige Freizeitbeschäftigung sehr fehlten. Wir waren sehr lernfähig, vor allem sehr lernbegierig. Wir hatten auch nicht die Verantwortung für die Familie in der schweren Zeit zu tragen. Das Kochen musste vollkommen anders gestaltet werden.
Der Herd wurde mit unserer Wirtin geteilt. Da lernte man die Wahrheit des Sprichwortes kennen: „Eigener Herd ist Goldes wert!“. Es war ein Herd mit offenem Feuer und die Ringe wurden ständig verstellt.
In jenem ersten Jahr haben wir das Essen von Kohlrüben und Kraut bis zum Überdruss erlebt, so dass ich dieses Gemüse in den nachfolgenden Jahren mied. Als wir dann ein Stück Ackerland als Garten erhielten, waren wir schon etwas zufriedener und bauten auch etwas anderes an als Rüben und Weißkraut.

Natürlich fehlten typische Zutaten wie zum Beispiel die süße und die saure Sahne, so dass eine neue Mischküche entstand. Diese führte ich in meiner Ehe auch weiter. Auch als es mich vor 30 Jahren nach Gera verschlug, gab es nur unwesentliche Änderungen. Man musste kochen, was man bekam. Da ich keinerlei „Handelsbeziehungen" und noch dazu eine Ganztagsarbeit hatte, blieb die Kocherei meist sehr bescheiden ... man musste die Kochzutaten einzeln kaufen und bevorraten.

Und dann kam die Wende in unserem Leben, die man zwar vorausgeahnt hatte, aber dass alles so schnell ging, hätte man dann doch nicht gedacht. Es gab alles, was man wollte und das große Probieren fing an, bis man sich schließlich nach Jahren einen Überblick verschafft hatte und wusste, was gut ist und was man nicht kaufen sollte.
In den neunziger Jahren bekam ich endlich auch wieder zu unseren ehemaligen Dorfbewohnern Kontakt. Seitdem treffen wir uns jedes Jahr und mit Wehmut bemerke ich, dass wir von Jahr zu Jahr weniger werden.
Auch die alten Küchenrezepte wurden durch diese Treffen wieder aktuell, wir tauschten uns aus und es gab viel Spaß dabei. Ich hatte schon vor der Wende begonnen, alte vergessene Rezepte zu kochen, z.B. die Kohlrüben oder auch die vielgehassten „Dorschen". Die Pfannengerichte waren für mich weniger geeignet. Wenn die Kinder zu Besuch kommen, sind sie meinen alten Heimatspeisen nicht abgeneigt, aber sie kochen trotzdem anders. Da ist der Grieche und der Italiener an der Ecke, die ihre Essgewohnheiten beeinflussen. Ich denke aber, dass sie, wenn ich mal nicht mehr bin, sich an meine Küche erinnern und das eine oder andere nachkochen.

Ich habe mir an meinen drei verschiedenen Lebensplätzen eine gemischte Küche geschaffen, aber mit zunehmenden Alter gewinnt die der ursprünglichen Heimat immer mehr an Bedeutung, sei es, dass man im Alter immer mehr zu seinen Wurzeln zurückkehrt oder man braucht im Alter nicht mehr so viel Fett und Fleisch? Auf alle Fälle lebt man gesünder und billiger.

Jetzt im Alter habe ich auch mehr Zeit, um mich auf meine Heimat zu besinnen und die alten Traditionen wieder zu pflegen.
Meine Heimat ist und bleibt das südliche Egerland. Nicht das Dorf, welches es nicht mehr gibt, so wie ich es in Erinnerung habe. Aber es gibt noch das vertraute Tal mit dem Pfraumberg, an dem man vorbeikommt, wenn man von Waidhaus in Richtung Pilsen fährt.
Mecklenburg war der Anfang des schwierigen Anpassungsprozesses. Thüringen war mir schon eher ein Zuhause, empfand ich es doch der Heimat ein Stück näher und in der Natur so ähnlich.

Marianne Gäbler, März 2004

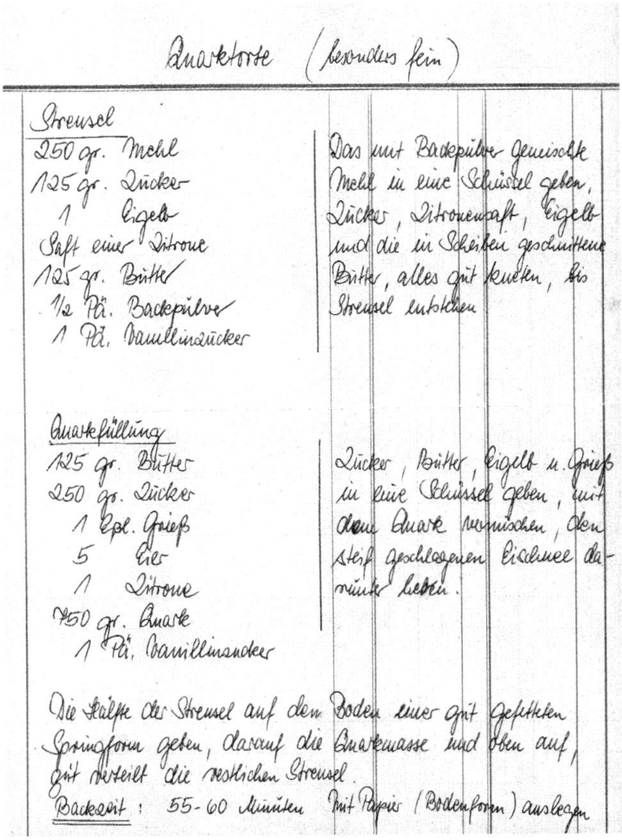

Quarktorte (besonders fein)

Streusel
250 gr. Mehl
125 gr. Zücker
1 Eigelb
Saft einer Zitrone
125 gr. Bütter
1/2 Pä. Backpülver
1 Pä. Vanillinzücker

Das mit Backpülver gemischte Mehl in eine Schüssel geben, Zücker, Zitronensaft, Eigelb und die in Scheiben geschnittene Bütter, alles güt kneten, bis Streusel entstehen

Quarkfüllüng
125 gr. Bütter
250 gr. Zücker
1 Epl. Grieß
5 Eier
1 Zitrone
750 gr. Quark
1 Pä. Vanillinzücker

Zücker, Bütter, Eigelb u. Grieß in eine Schüssel geben, mit dem Quark vermischen, den steif geschlagenen Eischnee darünter heben.

Die Hälfte der Streusel auf den Boden einer güt gefetteten Springform geben, darauf die Quarkmasse und oben auf, güt verteilt die restlichen Streusel.
Backzeit: 55-60 Minuten Mit Papier (Bodenform) auslegen

Rezepte der einfachen Leute aus dem südlichen Egerland von Marianne Gäbler

Ich lege bewusst Wert auf „einfach", denn in unserem Dorf Labant waren die meisten Leute Häusler, d.h. die Männer waren das Sommerhalbjahr über als Maurer und Zimmerleute im Norden Böhmens tätig, während die Frauen mittels einer kleinen Landwirtschaft die Familie betreuten und ernährten.

Bis vor 80 Jahren waren die meisten Familien mit reichlich Kindern gesegnet, so dass große Portionen gekocht werden mussten, die aber nicht viel Geld kosten durften.

Die Grundnahrungsmittel Kartoffeln, Getreide, Weißkraut, Rüben, Milch und Eier wurden selbst erzeugt. Bei Fleisch wurde es schon schwieriger, denn man hatte außer einer Kuh oder Ziege nur Hühner, deren Eier man möglichst noch verkaufte. Seltener hielten die Leute Kaninchen, Schweine oder Gänse, dazu fehlten einfach die Voraussetzungen.

Damit war also ein eingeschränktes Kochen vorgegeben. Durch die Höhenlage von über

500 Metern wuchsen auch nicht alle damaligen Gemüsesorten. Viele Familien stampften im Herbst ein großes Fass Sauerkraut ein. Die Stampfer waren meist die Kinder.

Dann gab es auch die Dorschen (Wruken oder Kohlrüben genannt) oder Mohrrüben, es wurden immer große Töpfe gekocht. Als Sättigungsbeilagen gab es verschiedene Arten von Knödeln, kaum Kartoffeln. Höchstens gab es mal Pellkartoffeln zum Abendessen.
Die Soßen waren immer sehr „lang" gekocht, d.h. es wurde aus wenig Fleisch viel Soße gezogen. Man nannte die Soßen auch „Brüh". Es gab auch oft Möhren, Dorschen oder Schwammerlbrüh (Schwammerln sind Pilze). Pilze und Beeren gab es in unserer Gegend überreichlich. Auch im Sauerkraut wurde ein Stück fettes Schweinefleisch gekocht.
Eine richtige Bratensoße gab es nur an Festtagen, davor immer eine unentbehrliche Rindfleischsuppe mit selbst gemachten Nudeln. Natürlich konnten sich die Familien mit wenig Kindern mehr leisten. Auch weiß ich von meiner Großmutter mütterlicherseits, die als Kriegerwitwe des Ersten Weltkrieges sieben Kinder zu ernähren hatte und mit 50 Jahren starb, dass bei ihr oft Schmalhans Küchenmeister war, trotzdem war sie immer um ein schmackhaftes Essen bemüht.

Labanter Gezn

(Originaltext)

Man nimmt ein Pfund Weizenmehl, gebe eine Prise Salz und einen zerbröckelten Würfel Hefe dazu, gebe einen halben Liter leicht erwärmte Milch dazu. Vorsichtig verrühren und eine halbe Stunde an einem warmen Ort gehen lassen.
3 mittlere Kartoffeln schälen, reiben und an den Teig geben, dazu auch ein Ei. Kneten, es muss ein zähflüssiger Teig sein. Eine Ofenpfanne gut einfetten, mit Bröseln ausstreuen.
Den Teig darin gut verteilen und mit einem nassen Holzlöffel glatt streichen. Nach dem nochmaligen Gehen mit Schmalz bestreichen und Butterflöckchen aufsetzen. Dann bekommt der Gezn eine knusprige Oberfläche.
Gut 1/2 Stunde bei 200 Grad backen, auf ein Holzbrett stürzen und in breite Streifen schneiden bzw. in handtellergroße Stücke reißen. Er schmeckt auch kalt.

Dazu aßen wir auch Dorschenkraut, siehe folgendes Rezept.

Was für ein Genuss das „Reinzl", ein knuspriger Rand, sein konnte, das erzählte meine Tante sehr gern. Bei uns zu Hause ging man am Nachmittag nochmals in die Schule, nachdem man in der Familie zu Mittag gegessen hatte. Wenn es das Gezn gegeben hatte, hob sie das Reinzl auf, um es auf dem Schulweg genussvoll zu verspeisen. Es war gewiss sehr trocken, denn die Mutter konnte sich nicht leisten, mit Butter großzügig umzugehen.
In vielen Familien gab es das Gezn sehr häufig, denn nach dem Ersten Weltkrieg lebten viele Familien sehr bescheiden.

Labanter Dorschenkraut

(Originaltext)

Dazu wurden die geschälten Kohlrüben geraspelt. Salz und Pfeffer sowie Kümmel darüber streuen. Mit einer Scheibe Schweinefleisch oder Kaßler (gut 250 g) kochen. Mit roher geriebener Kartoffel binden und noch einmal aufkochen.
2 Zwiebeln, feingewürfelt und in heißem Fett oder Schmalz durchgedünstet, darüber geben.

Dotsch (sprich Dootsch) – ein Pfannengericht

Dazu reibt man die entsprechende Menge Kartoffeln (1,5 kg) und lässt das Kartoffelwasser ablaufen. Die sich absetzende Kartoffelstärke gibt man später wieder hinzu.
Mit saurer Milch oder saurer Sahne, Salz und Kümmel wird der Teig vollendet. Diesen streicht man dann in eine gefettete Pfanne. Kümmel verrührt man in dem Teig, bevor man diesen in die Pfanne streicht. Dann dasselbe Garverfahren wie beim Labanter Gezn.

Gleichermaßen kann man einen Mehldotsch machen wie einen verlängerten Eierkuchenteig. Denn mit so vielen Eiern konnte man damals nicht kochen. Sie waren eine Art Saisonartikel, weil die Hühner im Winterhalbjahr mit dem Eierlegen aussetzten und somit das Frühjahr ersehnt wurde. Ostern bekam eine besondere Bedeutung für uns, die Kinder.
Für den Winter legte man Eier in großen Gurkengläsern ein.
Den Mehldotsch zuckerte man oder man aß dazu auch eingemachte Preiselbeeren.

Sterz und Schwammerlbrühe

Dazu kocht man Salzkartoffeln, die man mit Mehl bestäubt und kräftig durchstampft, so dass ein zäher Kartoffelbrei entsteht. Dazu aß man mit Vorliebe Schwammerlbrühe. Größere Mengen Schwammerl waren in jedem Haushalt vorhanden. Wichtig war auch hier der „Schmetten“, die Einbrenne. Also Butter oder Margarine und Mehl.
Reste vom Mittagssterz aß man auch gerne zum Abend als „geschmalzene Sterz“ in Butterschmalz gebraten. Auch Butterschmalz wurde bevorratet, denn die Kuh hatte ja ihre Zeit, wo sie trocken stand. Eine Ziege half über diese Zeit hinweg.

Der Koch Heinrich Engel aus Karlsbad

Hochzeit 1927 in Karlsbad – Bildmitte das Brautpaar Heinrich Engel und Barbara Vogt, rechts hinten Rudolf Engel mit seiner Tochter (Martha Meinel)

Karlsbad ist ein Brillant in einer Smaragdfassung – so beschrieb Alexander von Humboldt das prunkvolle Kurzentrum mit seiner verschwenderischen Pracht an Bauten aus der Belle Epoque. Umgeben von grünen, waldreichen Höhen liegt es inmitten des romantischen Teplá-Tals.

Damit die Geschichte der Kurstadt nicht mit nüchternen Jahreszahlen beginnen muss, ließen sich die Karlsbader eine Gründungslegende einfallen – die vom fliehenden Hirsch, der Karl IV. im 14. Jahrhundert bei der Jagd auf eine heiße Quelle stoßen ließ. Bereits im 15. Jahrhundert kamen die ersten Kurgäste aus verschiedenen europäischen Adelshäusern. Anfangs badete man in den Thermen, mit Trinkkuren begann man erst im 16. Jahrhundert. Im 18. Jahrhundert wurde Karlsbad schließlich weltberühmt; die ersten Kaiser und Zaren reisten für Kuren an. In diesem Jahrhundert glaubte man übrigens auch, durch das Trinken von Karlsbader Wasser Armut heilen zu können.

1812 schrieb Goethe in einem Brief an Wilhelm von Humboldt: „Weimar, Karlsbad und Rom sind die einzigen Orte, wo ich leben möchte."
In der zweiten Hälfte des 19. Jahrhunderts entstand das Gros der heute noch erhaltenen Kur- und Bürgerhäuser, und Karlsbad entwickelte sich zu einem einzigartigen weltoffenen Erholungsort, an dessen Quellen sich Menschen mit unterschiedlichsten Ansichten, Hautfarben und Religionen trafen – lediglich Geld und Macht waren ihnen gemeinsam. Anfang des 20. Jahrhunderts verzeichnete Karlsbad über 70 000 wohlhabende Kurgäste im Jahr.

Martha Meinel erzählte dem Autor eine nicht weniger interessante Geschichte von Barbara und Heinrich Engel, zwei einfachen, bescheidenen Menschen, die gern Kinder gehabt hätten und an den Folgen der Vertreibung aus Karlsbad (Karlovy Vary) gestorben sind.
Martha Meinel ist 1912 in Chemnitz geboren und wuchs auf dem elterlichen kleinen Bauernhof nahe Plauen auf, den die Eltern bereits in zweiter Generation führten.
Ihr Vater, Rudolf Engel (1887-1942), hatte einen Bruder – Heinrich Engel (1894-1949), der im Berliner „Hotel Kempinski" den Beruf eines Kochs erlernte. Dort begegnete er auch der gebürtigen Plauenerin Barbara Vogt, die als Weißnäherin im Hotel arbeitete. Gemeinsam siedelten sie 1922 nach Karlsbad über, wo beide Arbeit gefunden hatten. Hier begann Heinrich Engel sein Kochbuch zu schreiben. 1927 fand in Karlsbad die Hochzeit statt.

Martha Meinel war oft und gern bei Onkel und Tante in Karlsbad zu Besuch. Sie weiß noch viel aus dieser Zeit. Die erste Wohnung war in der Prager Straße, dann in der Lößlestraße und zuletzt wohnte die Familie am Mozartpark. Gern erinnert sich Frau Meinel an die vielen kulturellen Unternehmungen – Spaziergänge in der Kurstadt und Besuche von Varieté und Kabarett im Schützenhaus, Kinobesuche im Zentralkino in der Hauptstraße oder im Elitekino in den Fischern. Besonders liebte sie die Besuche mit Tante Barbara im Theater an der neuen Wiese.
Mit einem jungen Verehrer, der sich sehr für Stadtgeschichte interessierte, ging sie in die Museen der Stadt. Und von ihm bekam sie 1927 am Schwarzenbergdenkmal den ersten Kuss. Umso härter traf es sie, als Rudolf Beyer 1934 bei einem Unfall beim Autobahnbau nahe Berlin ums Leben kam.
Ihr Onkel Heinrich Engel arbeitete vorerst im Restaurant „Vaterland" an der neuen Wiese, danach im Egerländer Café, dann im Grand-Hotel Karlsbad und schließlich bis zur Vertreibung 1946 in verschiedenen kleinen Restaurants und Cafés. Er blieb immer der kleine bescheidene Koch, der es genoss, wenn er mit seinem „Bärbelchen" und der Nichte in der freien Zeit zu Fuß oder dann später mit Fahrrädern in der lieblichen Umgebung von Karlsbad umher streifen konnte. Martha Meinel erinnert sich, dass Onkel Heinrich zu Hause nie gekocht hat. Ein Phänomen, welches bei vielen gelernten Köchen zu beobachten ist. Er saß oft am Küchentisch und schrieb in ein dickes Buch Rezepte, die er in den verschiedenen Arbeitsstellen gesammelt hatte.
Besonders gern besuchte er den „Köchestammtisch" im Karlsbader Weinhaus „Weishaupt" an der alten Wiese, am Abend schrieb er sich oft die gehörten Rezepte auf.
Martha Meinel weiß noch, dass der Onkel auf Grund seines schlimmen Sprachfehlers vom

Militärdienst frei gestellt war und somit dem sinnlosen Tod, den sein Bruder vor Stalingrad fand, entging. Mit einem Augenzwinkern erzählte er seiner Nichte, dass er bei der Musterung absichtlich stark gestottert habe.
Tante Barbara arbeitete ab 1930, da sie geschickte Hände hatte, ebenfalls in verschiedenen Cafés und stellte feine Gebäckstücke her.
1946 fanden beide in Plauen bei ihrer Nichte und deren Mutter auf dem kleinen Bauernhof Zuflucht. Als Barbara Engel 1948 an Tuberkulose starb, folgte ihr Mann nur wenige Monate später – im Januar 1949 – nach. Er verspürte einfach keinen Lebenswillen mehr, niemand wollte ihm Arbeit geben und er zog sich immer mehr zurück, war schließlich ganz stumm und starb an einem kalten Januartag auf einem Spaziergang, als er eigentlich nur mal kurz ausruhen wollte.

Milchschweinebraten nach Karlsbader Art

1 kg Schweinefleisch, nicht zu mager,
Salz und Pfeffer nach Geschmack,
2 Knoblauchzehen, zerdrückt in Salz,
1 TL Korianderpulver,
50 g Butter,
1,5 l Milch,
1 TL Fenchelsamen,
1 TL Majoran,
1 TL Basilikum,
1 Lorbeerblatt

Das Fleisch von einer Seite her einschneiden und aufklappen, auf einer Seite salzen und pfeffern, mit Knoblauch und Koriander einreiben und zusammenrollen. Mit Küchengarn zusammenbinden. In einem Bräter die Butter zerschmelzen lassen und das Fleisch 40 Minuten rundherum anschmoren.
Das Fleisch herausnehmen und warm stellen. Milch in den Bratenfond geben und so lange einreduzieren, also einkochen, bis noch etwa ein halber Liter Soße übrig ist. Am Ende der Garzeit die Kräuter dazugeben und noch einmal einreduzieren lassen.
Soße durch ein Haarsieb streichen, das Fleisch in Scheiben schneiden und auf die vorgewärmten Teller geben, mit der Soße überziehen.
Dazu gab es immer Rosenkohl und Salzkartoffeln.

Karlsbad um 1905
Sprudel-Kolonnade

Karlsbad um 1905
Sprudel

Grand-Hotel Pupp in
Karlsbad um 1925

Schweinelendchen in Vollkorn-Blätterteig, Karlsbad um 1928

600 g Schweinelendchen, Salz, Pfeffer,
1 EL scharfer Senf,
250 g frische Butter, in dünne Scheiben geschnitten,
250 g Weizenvollkornmehl, 1 Ei, 1/4 TL Salz,
100 ml Wasser, 2 Zwiebeln,
200 g frische Champignons, 1 TL Obstessig

Schweinelendchen scharf anbraten und mit Salz und Pfeffer würzen, dann mit dem Senf bestreichen und bei geringerer Hitze noch 15 Minuten in der Röhre vollenden. Butter mit 70 g Mehl zerhacken, verkneten und zu einem rechteckigen Teigklumpen formen, kalt stellen.
Ei, Salz und Wasser in die Mitte des übrigen Mehls geben, einen Teig kneten und wenn sich dieser von der Arbeitsfläche rollt, dünn ausrollen.
Das kalte Buttermehlstück auflegen und die Teigseiten von rechts und links überschlagen, leicht andrücken und mit einem Nudelholz ausrollen. Die Teigseiten immer wieder einschlagen und ausrollen. Mindestens fünfmal wiederholen.
Zwiebeln klein hacken, Champignons würfeln und alles anbraten und mit Essig abspritzen. Diese Masse um das Schweinelendchen geben, dieses dann mit dem Teig umhüllen. Im Ofen bei 200 Grad bei 30 Minuten backen.

Karlsbader Kirschkoteletts, 1930

1 Glas Sauerkirschen, 370 g Abtropfgewicht,
1 Prise Zimt, 1 gehäuften EL Zucker,
1 EL Maizena (Maisstärke), 1 EL Öl,
3 Schweinekoteletts, Salz und Pfeffer nach Geschmack,
1/4 l Rotwein, trocken, 1/4 l Fleischbrühe, Instant,
50 g Mandelblättchen, Kopfsalatblätter zur Garnitur

Kirschen abtropfen lassen, Saft auffangen und mit Zimt und Zucker aufkochen. Stärke mit etwas kaltem Wasser verrühren und in den kochenden Saft einrühren, aufkochen. Kirschen dazugeben und warm stellen.
Öl in einem Tiegel erhitzen und die Koteletts bei mittlerer Hitze rundherum braun braten (mindestens 8 Minuten), jetzt erst mit Salz und Pfeffer würzen. Das Fleisch aus dem Tiegel nehmen und ebenfalls warm stellen. Den Bratenfond mit dem Rotwein und der Brühe aufkochen, einreduzieren lassen, bis für vier Personen reichlich Soße entstanden ist, etwa ein halber Liter. Die Soße durchseihen. Man reiche dazu Kartoffelkroketten.

Karlsbader Kräuter-Käse-Medaillons, 1932

2 Schweinefilets, 1 Camembert,
1 Bund Petersilie, fein gehackt,
Salz und Pfeffer nach Geschmack,
12 Scheiben geräucherter Speck

Kartoffelpuffer
1 kg Kartoffeln, 2 Prisen Salz,
2 Eier, 4 EL Milch,
1 Zwiebel, Öl zum Braten

Zwölf Medaillons aus den beiden Schweinefilets schneiden und in jedes eine kleine Tasche einschneiden, dann erst mit Salz und Pfeffer würzen. Den Käse in Würfel schneiden und mit der gehackten Petersilie vermischen, in die Fleischtaschen füllen und die Medaillons mit dem Speck umwickeln. Kartoffeln schälen, waschen und durch eine Küchenmaschine reiben. Die Zwiebel mit durch die Maschine geben und der Masse zufügen, anschließend die Eier, die Milch sowie das Salz zugeben. In einem Tiegel das Öl erhitzen und die Puffer anbraten, warm stellen.
Jetzt die Medaillons in einem Tiegel 3-5 Minuten braten, auf den Kartoffelpuffern anrichten.

Gefüllte Kartoffelpuffer, Karlsbader Art

1,5 kg Kartoffeln,
2 Eier, 2 EL Weizenmehl,
Salz, Pfeffer, nach Geschmack,
1/2 TL Majoran, 1 Zwiebel,
400 g Schweinefilet, in dünne Blättchen geschnitten,
200 g Champignons, frisch oder Konserve (in Scheiben schneiden),
Olivenöl zum Braten, 4 EL saure Sahne

Kartoffeln schälen, waschen und zusammen mit der Zwiebel fein reiben. Mit Mehl, Eiern, Pfeffer, Salz und Majoran vermengen und zugedeckt kühl stellen. Die Schweinefiletblättchen in heißem Öl anbraten und die Champignonscheiben dazugeben und gut durchschwenken, dann erst würzen. Evtl. austretenden Fond einreduzieren lassen und die saure Sahne dazugeben. Aus der Kartoffelpuffermasse pro Person einen riesigen Kartoffelpuffer braten und auf einen extra großen Teller legen. Die eine Hälfte mit der Schweinsfiletmasse füllen und die andere Seite darüber legen.

Karlsbad um 1920 – mit Hotel Imperial und Kaiser-Franz-Josef-Denkmal

Pochierte Forellen auf feinem Wurzelgemüse, Karlsbad um 1935

4 Forellen, fangfrisch oder TK-Ware, 1 Bund Dill,
1 kg Kartoffeln, 1/2 l Weißwein, trocken,
4 EL Crème fraîche, Salz, Pfeffer,
4 Wacholderbeeren, 4 Lorbeerblätter, 4 Nelken,
150 g Butter,
1/2 Sellerieknolle, 2 Karotten, 1 Stange Porree

Die Forellen filetieren und die Abgänge in Salzwasser kochen. Aus Wein, 1/2 l Fischfond, Wacholderbeeren, Lorbeerblättern, Nelken und Salz einen Sud kochen. Die Forellenfilets darin nur ziehen lassen.
Herausnehmen und warm stellen, den Sud auf die Hälfte einreduzieren lassen und mit der Crème fraîche verkochen und durchseihen. Den geschnittenen Dill dazugeben.
Das Gemüse putzen und in feine Streifen schneiden, in 75 g Butter knackig garen und abschmecken. Die Kartoffeln gar kochen und mit der übrigen Butter abglänzen.
Gemüse auf die Teller geben, die Forellenfilets aufsetzen und mit der Soße überziehen. Kartoffeln dazugeben.

Café-Restaurant Freundschaftshöhe. Inhaber Familie Pötzl, Karlsbad um 1930

Karlsbader Gurkensuppe – um 1930

Auch diese Spezialität fand ich in sehr vielen Familienkochbüchern aus dem Sudetenland. Frau Meinel erzählte mir, dass diese Suppe zu den Spezialitäten ihres Onkels gehörte und er bei Besuchen in der „Freundschaftshöhe" mit dem Inhaber Herrn Pötzl oft über die unterschiedliche Qualität der Salzgurken debattierte.

1 kg Kartoffeln, 5 große Salzgurken,
1,5 l Wasser, 1/4 l saure Sahne,
2 EL Weizenmehl, Salz, Kümmel, Zucker,
2 Dillzweige

Die Kartoffeln waschen, schälen und in kleine Stücke schneiden. Im Salzwasser kochen und kurz vor Garende die fein würflig geschnittenen Salzgurken dazugeben. Gut durchkochen, Salz und Kümmel hinzufügen. Die saure Sahne mit dem Mehl verrühren und unter die noch leicht kochende Suppe geben. Aufkochen lassen.
Den Dill schneiden und nach dem Verteilen der Suppe auf die Portionen streuen. Man kann auch mit Salzgurkenlake nachsäuern oder mit Zucker und Salz nachschmecken.

Karlsbader Kuttelfleckensuppe – um 1935

Von mehreren Sudetendeutschen habe ich dieses Rezept ans Herz gelegt bekommen. In allen Rezeptbüchern stand es in dieser oder ähnlicher Form. Frau Meinel erzählte mir auch, dass sie mit Onkel Heinrich oft zum Hans Heiling (Restauration) ging und nach dem Mittag eine Stunde ruderte. Fast immer aß der Koch Heinrich Engel seine „Pansensupp", die Karlsbader Kuttelfleckensuppe.

750 g Kutteln (Pansen, d.h. Rindermagen),
1 Zwiebel,
250 g Wurzelgemüse (Möhren, Sellerie, Lauch),
2 l Rindfleischbrühe (auch Instant),
50 g Schweineschmalz, 50 g Weizenmehl,
100 g Räucherspeck, fein gewürfelt,
2 Knoblauchzehen, in Salz zerdrücken,
Würze: Paprika (edelsüß), schwarzer, gemahlener Pfeffer,
gemahlener Kümmel, Salz und Majoran gemischt

Kutteln waschen, putzen, in kleine Stücke schneiden und dann in Salzwasser mehrere Stunden lang kochen, bis sie bissfest sind. Dann die Kutteln abspülen und in 1 l Brühe zum Kochen ansetzen. Das Gemüse putzen, in feine Würfelchen schneiden, dazugeben und alles weich kochen. In einen anderen Topf das Schmalz und den Speck geben und mit Paprika bestäuben, das Mehl darüber stäuben und mit etwas kaltem Wasser aufgießen. Jetzt mit der restlichen Brühe auffüllen und durchkochen lassen. Würzen und die Kutteln und das Gemüse dazugeben.

„Man findet um Karlsbad viele „Ruhe" und „Sitz" und „Promenade" von Prinzen und Machthabern und dergleichen. Nun, in so ferne diese Leute weit mehr Mittel zum Guten haben und sie gebrauchen, ist alles in Ordnung, aber daß man hier auch die feiert, die bloß einen Rang haben oder ein gut Stück Geld hier lassen, und daß man die Denkmale an Goethe, Schillers, Beethovens Aufenthalt in Karlsbad vergeblich sucht, und erforschen will (selber haben sich solche Leute keines gesetzt), ist nicht in der Ordnung. Wann wird denn einmal die Menschheit sich in ihrer Größe und in ihren Fehlern zu erkennen anfangen. Ganz besonders schöne Sammlungen von Närrinnen hat der liebe Gott hierher gesandt. Sie gehen behüllt und behängt mit allerlei auf der alten Wiese und sonst herum und verfehlen ihres Zweckes, des Bewundertwerdens, denn die an dergleichen Dingen auch Freude haben, beneiden sie höchstens, und die anderen lachen sie aus."

Adalbert Stifter, Karlsbad im Mai 1865

Böhmisch-sächsische Spezialitäten von Alois Ruf aus Untersachsenberg bei Eger

Die Geschwister Ruf: Kurt (1902-1944), Lehrer, gefallen als Unteroffizier an der Ostfront; Marie (1905-1971), Hausfrau; Martha (1907-1943), Krankenschwester, vermisst an der Ostfront; Elfriede (1909-2004), Lehrerin

Die Greizerin Elfriede May, geborene Ruf, gehörte zu den glücklicheren ehemaligen Sudetendeutschen, die aus der alten Heimat nicht weggezwungen wurden, sondern bereits vor dem Krieg umzogen. Sie lernte die aus der Vertreibung resultierende Not nicht kennen. Mehr als 50 Jahre lebte sie als stolze Vogtländerin in der lieblichen Umgebung von Greiz. Vergessen hatte sie ihre Herkunft trotzdem nicht, besaß sie doch neben vielen Fotos von ihrer Familie ein wertvolles Andenken an die Heimat, den Ort ihrer Kindheit und Jugend: das handgeschriebene Familienkochbuch randvoll mit akribisch von ihrem Vater gesammelten Rezepten der böhmisch-sächsischen Küche.

Begonnen hat alles 1898 im Waldgut Untersachsenberg an der böhmischen-sächsischen Grenze. Hier lernte der Kutscher Alois Ruf (1876-1969) die Köchin Erna Gutschmidt (1871-1933) kennen und lieben. Oft saß er damals in ihrer Küche und begann um 1900 ein Kochbuch zu schreiben. Der Kutscher konnte sehr gut lesen und schreiben und hatte eine feine Handschrift, auf die er auch im hohen Alter noch sehr stolz war. 1902 wurde der älteste Sohn Kurt geboren. Die junge Familie pachtete in Bad Wurzelsdorf in Böhmen eine kleine Pension. Dann kamen aller zwei Jahre noch drei Mädchen auf die Welt: Marie (1905), Martha (1907) und Elfriede (1909).

Als die Pension 1920 die kinderreiche Familie nicht mehr ernähren konnte, arbeitete Erna Ruf wieder als Köchin in Frischs Hotel am Marktplatz, dann später in „Stingls Küche" in der Prograter Straße in Eger. Alois Ruf arbeitete bis 1932 als Kraftfahrer und chauffierte bekannte Leute, z.B. fuhr er drei Jahre lang das böhmische Damenorchester „Alliance". An den Tourneeorten sammelte Alois Ruf weiter böhmische Rezepte und vervollkommnete sein Kochbuch. 1933 starb Erna Ruf an einer Blutvergiftung. Ihr Mann gab seinen Kraftfahrerberuf auf und suchte sich eine Arbeit als Vertreter für Wein. Dadurch lernte er 1935 die hübsche 45-jährige Marga Franke kennen und zog zu ihr ins vogtländische Greiz. Die Familie Franke hatte im Erholungsort Rentzschmühle bei Greiz einen gutgehenden Gasthof. Die 26-jährige Tochter Elfriede begleitete den Vater, lernte hier den Neffen des Hotelbesitzers Lucas May kennen und heiratete ihn im Mayschen Hotel „Steinnicht" in Rentzschmühle. Zur Hochzeit 1938 sah Elfriede Ruf ihre Geschwister das letzte Mal.

Alois Ruf verbrachte seinen Lebensabend im Gasthof „Lochhaus" von Familie Franke, wo er gewissenhaft an seinem Kochbuch weiterarbeitete. Man mochte den Alten, der zum Schluss mit fast blinden Augen fein säuberlich die Buchstaben aufs Papier malte und die Küchenleute mit seiner Fragerei nervte.

Wurzelsdorfer Mohnkartoffeln mit Käse – um 1912

1 kg Kartoffeln, 2 EL Sonnenblumenöl,
100 g würziger Schnittkäse, gerieben
schwarzer Pfeffer aus der Mühle, 3 EL Mohn,
1/2 Würfel Hefe oder 1/2 Päckchen Trockenhefe,
1/4 l Milch, 1/2 Bund Schnittlauch

Kartoffeln schälen und in Salzwasser bissfest kochen, erkalten lassen, in Scheiben schneiden. Auf ein gefettetes Backblech legen. Backröhre auf 250 Grad vorheizen. Mohn in Milch aufkochen und abkühlen lassen. Hefe in die Mohn-Milch rühren und den Reibekäse dazugeben, eine viertel Stunde gehen lassen. Die Kartoffelscheiben mit Pfeffer bestreuen und mit dem Mohn-Hefe-Käse-Milch-Gemisch umhüllen. Bei 250 Grad ca. 10 Minuten überbacken lassen. Mit Schnittlauchröllchen bestreut servieren.

Alois Ruf und Marga Franke
bei einem Betriebsausflug 1935

Bad Wurzelsdorf,
um 1900

Das böhmische
Damenorchester
„Alliance“ – auf deren
Tourneen schrieb sich
der kücheninteressierte
Alois Ruf vieles auf

Waldgut Untersachsenberg um 1900

Böhmische Mohnbuchteln Untersachsenberg um 1900

Teig

400 g Weizenmehl, 1 Würfel Hefe, 2 EL Waldhonig,
150 ml Milch, 50 g Margarine, 1 Ei,
etwas abgeriebene Schale einer unbehandelten Zitrone, 1 Prise Salz

Füllung

1/8 l Milch, 125 g gemahlener Mohn, 4 EL Honig,
1 Päckchen Vanillezucker, 1 Prise Zimt, 1 Ei,
1 EL Rum, 50 g Mandelstifte, 1 TL Speisestärke

Mehl in eine Schüssel geben und in die Mitte eine Mulde drücken. Hefe, Honig, lauwarme Milch verrühren, in die Mulde geben und 30 Minuten gehen lassen. Margarine, Ei, Zitronenschale und Salz dazugeben, gut verkneten.
Den Teig nochmals 30 Minuten gehen lassen. Jetzt 1/8 l Milch aufkochen und den Mohn einrieseln lassen, aufquellen lassen. Honig, Gewürze, Ei, Rum und Mandelstifte unterrühren. Teig ausrollen, in zehn Quadrate schneiden. Mohnmasse darauf verteilen und zu Kugeln rollen. Auflaufform fetten und die Kugeln hintereinander setzen und mit verquirltem Eigelb bestreichen. Bei 200 Grad 30 Minuten backen.

Eger-Zellersuppe (Selleriesuppe)

1 Sellerieknolle, 2 EL ausgepresster Zitronensaft, 1 Prise Salz,
100 g Butter, 100 g Weizenmehl,
Salz und Pfeffer nach Geschmack,
1 Bund gehackte Petersilie, 1 Ei, 1/4 l Rahm,
1/2 l Fleischbrühe (auch Instant),
Semmelwürfel, Butter zum Anrösten der Semmelwürfel

Sellerie waschen, schälen und in kleine Stücke schneiden. In 1/2 Liter Salzwasser mit dem Zitronensaft kochen und den Sellerie durch ein Küchensieb drücken. Kochfond aufheben. Die Fleischbrühe erhitzen und aus der Butter und dem Mehl eine Mehlschwitze bereiten, mit dem Selleriekochfond und der Fleischbrühe aufgießen. Gut durchkochen lassen, damit der Mehlgeschmack verschwindet.
Vom Herd nehmen und etwas abkühlen lassen, jetzt erst das Eigelb in den Rahm und in die Suppe rühren, die geschnittene Petersilie kurz vor dem Servieren darüber streuen. Am Ende die goldbraun gerösteten Semmelwürfel über die Suppe geben.

Bosniaken-Karpfen (Rotweinkarpfen)

Das Gericht steht unter der obigen Bezeichnung im Kochbuch. (Bosniaken nannte man in Eger und Umgebung in der Zeit des Ersten Weltkrieges die Soldaten mit muslimischem Glauben, sie trugen auch andersfarbige, hechtgraue Uniformen.) Der Erfinder dieser vorzüglichen Speise, die in Eger bei Familie Ruf oft auf den Tisch kam, war ein muslimischer Koch, der als Soldat im Ersten Weltkrieg diente und dann wegen einer Frau einfach im Ort geblieben war. Dieser Koch arbeitete in verschiedenen Egerländer Gaststätten und half besonders bei Festen gern aus. Für seine Fischzubereitung war er berühmt. Leider konnte sich niemand an seinen Namen erinnern.

1 Karpfen, ca. 1,5 kg schwer, in vier Portionen geteilt, Salz,
1 große Zwiebel, 100 ml Öl,
1 TL Paprika (edelsüß),
1 rote Paprikafrucht, 200 ml Rotwein, herb

Die Karpfenportionen salzen, Zwiebelwürfel in Öl andünsten und mit dem Paprika bestäuben. Mit Wasser etwas auffüllen und aufköcheln. Die Karpfenportionen einlegen und 15 Minuten in der zugedeckten Pfanne durchdünsten. Herausnehmen und warm stellen, den Rotwein auf den Kochfond gießen und soweit einreduzieren, dass es für vier Personen reicht. Kurz vor Garende den in Würfel geschnittenen Paprika dazugeben und kurz in der würzigen Karpfensoße durchdünsten. Dazu gab es immer einfach gedünsteten Reis.

Weihnachtskarpfen aus Eger

1 Karpfen (1-2 kg), lebend, 5 EL Essig,
Salz und Margarine zum Anbraten,
1 Möhre, 1/4 Kopf Sellerie, 1 Porreestange, 1 Zwiebel,
1/2 l Bier, am günstigsten dunkles Bier, 4 Pfefferkörner, 2 Lorbeerblätter,
100 g Pflaumenmus, 3 EL Zucker, 50 g Pfefferkuchen,
je 40 g gehackte Mandeln und Nüsse sowie geschnittene Rosinen,
etwas abgeriebene Zitronenschale

Karpfen töten und das Blut auffangen, mit dem Essig verrühren. In vier Portionen schneiden, abspülen und salzen. In der Margarine anbraten und warm stellen. Das Wurzelwerk klein schneiden und in der Margarine zusammen mit der grobgeschnittenen Zwiebel fast schwarz rösten. Bier aufgießen, die Gewürze dazugeben, das Pflaumenmus, den Zucker und den Pfefferkuchen zugeben und alles zwei Stunden auf kleiner Flamme köcheln lassen. Die Soße durch ein Sieb streichen und die Mandeln, Nüsse und die Rosinen dazugeben, alles noch einmal eine halbe Stunde köcheln.
Die Karpfenportionen in die Soße legen und eine viertel Stunde ziehen lassen.

In vielen Haushalten gab es dieses Essen kalt, nur mit Schwarzbrot. In anderen Familien gab es das Essen warm und mit Semmelknödeln.

Eger-Kartoffelnocken mit Schwarzbrotkruste

1 kg Kartoffeln, Salz, 150 g Weizenmehl,
125 g Quark, im Tuch 2-3 Std. abtropfen lassen,
4 Scheiben altbackenes Schwarzbrot, gerieben,
Schweineschmalz, zum Eintauchen der Abstechlöffel,
Öl zum Frittieren der Nocken

Die Kartoffeln schälen, gar kochen. Kochwasser aufheben. Kartoffeln abgießen und im Topf stampfen. Mit einem Holzlöffel acht tiefe (bis zum Boden) Löcher in den Kartoffelbrei drücken. Das Mehl hineinfüllen und kochendes Kochwasser darüber geben. Den Topf verschließen und 20 Minuten am Herdrand stehen lassen. Die Masse dann mit einem Holzlöffel kräftig durchrühren, den Quark und das Salz zugeben, nochmals schlagen. Mit zwei Esslöffeln, welche man immer vorher ins heiße Schmalz taucht, Nocken abstechen. Im Schwarzbrotreibemehl wälzen und ins heiße Frittieröl geben.

In vielen Haushalten hat man am Abend dazu nur frisches Gemüse gegessen.

Gerbermauer
an der Eger,
um 1920

Eger-Blick von
der Bismarckhöhe

Kartoffeln mit Knoblauch-Quark-Käse aus Eger

8 große Kartoffeln, Salz, 4 Knoblauchzehen,
1 Camembertkäse,
150 g Quark, ca. 2 Std. im Tuch abtropfen lassen,
50 g Reibekäse, 20 g Butter

Die gut abgewaschenen bzw. abgebürsteten Kartoffeln in der Röhre bei 180 Grad etwa 20 Minuten auf einem Blech garen. In dieser Zeit die Füllung herstellen, indem man den Quark, die in Salz zerdrückten Knoblauchzehen und den zerdrückten Camembert miteinander verknetet. Die Kartoffeln teilen, aushöhlen und die Füllung aufteilen. Den Reibekäse mit der Butter verkneten und über die Kartoffeln verteilen. Kurz in der Röhre überbacken.
Man sollte nur neue Kartoffeln verwenden, da sie mit der Schale gegessen werden.

Das Kochbuch von Auguste Lässing aus Eger

Auguste Lässing, Eger 1916, mit ihrem Mann Fritz Lässing
und den zwei Enkelsöhnen Otto (rechts) und Willi (links)

Auguste Peterlein wurde 1838 als siebente Tochter des Schuhmachers Oskar Peterlein in Eger geboren. 18-jährig bekam Auguste eine Stelle als Küchenmädchen im Wallenstein-Palast in Prag. Hier begann sie ein eigenes Kochbuch zu schreiben, in einer ganz feinen Schrift, mit akkurat gesetzten Buchstaben und gleichmäßigen Schriftzügen. 1864 kehrte sie nach Eger zurück, wo sie den städtischen Angestellten Fritz Lässing heiratete. Ein Jahr später wurde Tochter Erna (1864-1894) geboren und Auguste Lässing war von nun an als Hausfrau tätig. Die Tochter verstarb bereits im Alter von dreißig Jahren und Auguste Lässing übernahm die Betreuung ihrer beiden Enkelsöhne Otto und Willi. Ihr handgeschriebenes Kochbuch schenkte sie ihrem Enkelsohn Otto zu seiner Hochzeit. Otto Lässing (1889-1957) vertraute das Kochbuch seinem Enkelsohn Rolf Lässing an, der es mir nun Jahre später für dieses Kapitel zur Verfügung stellte. Im Übrigen wird das wertvolle Erinnerungsstück an Ur-Urgroßmutter Auguste in der Familie Lässing wie ein Schatz gehütet.

Kaiserburg in Eger, um 1930

„Die Stadt trägt einen ganz eigentümlichen Charakter. Alles hat ein fremdartiges Gepräge: die Häuser, die Verzierungen, die Kleider der Bewohner", bemerkte die Fürstin Melanie Metternich nach ihrem ersten Besuch in Eger (Cheb) im Jahre 1836. Und ähnlich empfanden alle Besucher die Andersartigkeit Egers gegenüber den Städten Böhmens. Denn Wesen und Schicksal dieser Grenzstadt waren geprägt worden durch die Sonderstellung, die sie viele Jahrhunderte lang zwischen dem Deutschen Reich und Böhmen eingenommen hatte.

Berühmte Künstler, Philosophen und Schriftsteller wie Carl Spitzweg, Friedrich Nietzsche, Theodor Fontane oder Rainer Maria Rilke unternahmen ausgedehnte Reisen nach Eger. Sie alle zog es zum Schauplatz von „Wallensteins Tod", dem Schlusspunkt der 1799 vollendeten Schillerschen Trilogie.

Palais Waldstein, Prag um 1900

Schweinskeule mit Hagebuttensoße

Diese Schweinskeule war Auguste Lässings Lieblingsgericht. Es wurde so oft gekocht, dass die zwei Seiten mit dem Rezept in dem alten Kochbuch beim Umblättern schon fast zerfallen.

1 kg Schweinskeulenbraten, Salz und Kümmel,
2 große Möhren, 2 Zwiebeln, 1/2 Kopf Sellerie,
100 g Speck, 1 Bund Petersilie,
200 g Hagebutten, 20 Pfefferkörner, 2 Lorbeerblätter

Schweinefleisch waschen, trockentupfen und salzen sowie mit Kümmel bestreuen. Möhren, Zwiebeln und Sellerie schälen, waschen und in kleine Stücke schneiden. Den Speck klein schneiden und in einem Bräter scharf anbraten, das Gemüse dazugeben und das Fleisch obenauf legen. Das Fleisch oft wenden und langsam bräunen lassen. Deckel schließen und eine halbe Stunde unter öfterem Begießen das Fleisch schmoren. Wenn das Fleisch fast gar ist, herausnehmen und warm stellen. Die Soße durch ein Sieb rühren und die abgewaschenen Hagebutten und die anderen Gewürze in der Soße nochmals eine gute halbe Stunde köcheln lassen. Nochmals alles durch ein Sieb rühren. Sollte die Soße zu dünn sein, wird diese mit in Wasser angerührtem Mehl gebunden und nochmals aufgekocht.

Eger um 1920

Die Eger-Serviettenknödel

4 Eier,
500 g Weizenmehl,
500 ml Milch, Salz,
1 große Semmel,
100 g Butter

Die Eier trennen. Mehl in eine große Schüssel sieben, die Milch und das Eigelb dazugeben, verkneten. Salz und die kleingeschnittene Semmel dazugeben. Die Butter zerlassen und darüber geben und alles noch einmal verkneten. Der Teig muss schön glänzen. Den Eischnee fest schlagen und vorsichtig unter den Teig heben.
Eine große Leinentuchserviette in das leicht köchelnde Wasser tauchen und dann auswringen. Auf ein Küchensieb legen und den Teig hineingeben. Die Serviette oberhalb des Teigkloßes mit einem Küchenbindfaden zusammenknoten und 4 cm höher noch einmal die Serviette mittels Küchenbindfaden zusammenknoten. Den Knödel mit dem Sieb über den Wasserdampf in den Topf hängen und den Topf verschließen. Nach einer Stunde den ersten Knoten über dem Teigkloß mit einer Schere auseinander schneiden. Den anderen Knoten erst nach weiteren 20 Minuten aufschneiden. Den Kloß mit einem festen Bindfaden in Scheiben schneiden.

Der Koch Martin Kuklinski aus Marienbad

Familie Kuklinski, Marienbad um 1916
(stehend die Kinder: Martin und Frieda, sitzend die Eltern: Martha und Julius Kuklinski)

Wer war nicht alles im berühmten Marienbad zu Gast – die Liste der Badegäste ist illuster: Richard Wagner reiste mehrmals an und plante sogar, seine Festspiele nicht in Bayreuth, sondern in Marienbad ins Leben zu rufen. Goethe, Turgenjew, Henrik Ibsen, Mark Twain, Maxim Gorki, Komponisten wie Antonín Dvořák, Johann Strauß oder Anton Bruckner, auch Wissenschaftler wie Josef Dobrovsky oder Sigmund Freud. Gekrönte Häupter weilten ebenfalls in Marienbad, u.a. Napoleon III., Otto I. von Griechenland, Kaiser Franz Josef I. oder Englands König Eduard VII.

Als sich Johann Wolfgang von Goethe 1821 in Marienbad aufhielt, waren die Tage von Wolken verhangen und es regnete unaufhörlich. Das Haus zu verlassen war unmöglich, und so vertrieb sich der Dichter die Zeit bei Tee und Gesellschaftsabenden. Bei dieser Gelegenheit lernte er Ulrike von Levetzow kennen. 1823, bei Goethes letztem Besuch in der Stadt, trafen sich die zwei erneut. Goethe war – wie heute die meisten Besucher des Bades – weit über 70, sie gerade 19 Jahre alt geworden. Ein inniges Verhältnis entspann sich zwischen den beiden, das Goethe später in seinen „Marienbader Elegien“ beschrieb. Hand in Hand schlenderten sie durch die Parkanlagen und tranken für gewöhnlich vom Ambrosiusbrunnen, der auch „Quelle der Liebe“ genannt wird. Nebenbei lernte Goethe Tschechisch und vergrößerte seine Gesteinssammlung. Den Serpetinvorkommen und Mineralien der Gegend widmete er in der Abhandlung „Marienbad überhaupt und besonders in Rücksicht auf Geologie“ ein gesondertes Kapitel. Weniger ertragreich gestaltete sich die Beziehung zu Ulrike von Levetzow: Es gab angeblich nur einen Kuss, und als Goethe um ihre Hand anhielt, bekam er eine Absage. Die anmutige Ulrike, die als steinalte Äbtissin endete, tat später immerhin noch den berühmten Spruch: „Keine Liebe war es nicht.“

Die Familie Kuklinski gehört zu den alteingesessenen Familien in und um Marienbad (Mariánské Lázně). Anfang 1700 waren die Kuklinskis aus dem Polnischen nach Marienbad gekommen. Briefe und Urkunden belegen, dass die Kuklinskis viel mit Heilwasser zu tun hatten. Sie arbeiteten als Bademeister oder Heiler. Eine der weiblichen Urahnen soll sogar als Hexe von Vertretern der katholischen Kirche belangt worden sein. Sie konnte Leib- und Magenschmerzen mit Quellwasser aus Marienbad „wegzaubern“. Ob sie dafür auf dem Scheiterhaufen verbrannt wurde, kann Helmut Kuklinski, seit 1945 in Duisburg lebend, nicht mit Sicherheit sagen. Er erzählt lieber die wahre Geschichte seines Onkels Martin Kuklinski.

Der in Prag geborene Martin Kuklinski (1901-1945) wollte nach dem Besuch des Gymnasiums in Karlsbad unbedingt Koch in einem der großen Karlsbader Kurhotels werden – am liebsten aber Direktor eines dieser exklusiven Häuser. Schon als kleiner Junge schaute er seiner Mutter beim Kochen genau auf die Finger und als er sie überragte, über ihre Schulter. Wenn die Verwandtschaft zu Besuch kam, durfte der kleine gelehrige Koch schon ab und zu das eine oder andere Gericht zubereiten.

Im Jahre 1920, während seiner Lehrzeit, begann Martin Kuklinski sein Kochbuch zu schreiben, das er später an seinen verschiedenen Arbeitsplätzen weiterführte. Nachdem der junge Mann im Centralhotel in Marienbad von 1919 bis 1924 seine Ausbildung zum Koch absolviert hatte, arbeitete er bis 1933 in verschiedenen Gaststätten und Hotels in Marienbad.

Seine Schwester, Frieda Kuklinski, die schon sehr zeitig von Marienbad nach Berlin gezogen war, beschaffte ihrem Bruder Martin ab 1933 Arbeit in der damaligen Reichshauptstadt. Er begann als Koch in einer Nachtbar am Kurfürstendamm. Der Besitzer der Bar beförderte den zuverlässigen Sudetendeutschen bald zum Geschäftsführer. Zusammen mit seiner Schwester und deren beiden halbwüchsigen Söhnen baute er ein kleines Haus in Lichterfelde, das 1945 bei einem Bombenangriff zerstört wurde.

Ab 1939 musste Martin als Feldkoch nach Polen, später nach Südfrankreich. 1945 wurde Martin Kuklinski bei Kampfhandlungen westlich von Berlin von einer englischen Fliegerbombe tödlich getroffen.

Seine persönlichen Kochsachen hatte Martin Kuklinski seinem Neffen Helmut bei dessen Lehrbeginn 1936 geschenkt. Helmut Kuklinski erinnert sich noch sehr genau an die guten Schweizer Messer und die wertvollen Kochbücher. Darunter befand sich auch das handgeschriebene Buch, dem die folgenden Rezepte entstammen.

Marienbad, Centralbad, um 1920

Marienbader Flädlesuppe

500 g Rindfleisch,
250 g Knochen, Salz, Pfeffer,
1 Bund Suppengrün (Möhre, Sellerie, Porree)

Einlage
1/2 Tasse Milch,
1 Ei, 3 EL Mehl,
Salz nach Geschmack,
Butter zum Braten

Die Knochen und das Fleisch in 1,5 Liter kaltem Wasser ansetzen, salzen und drei Stunden langsam köcheln lassen. Eine halbe Stunde vor Ende der Garzeit die Brühe durch ein Sieb geben und das Fleisch klein schneiden. Zusammen mit dem geputzten, in kleine Würfel geschnittenen Suppengrün wieder in die Brühe geben. Mit Salz und Pfeffer abschmecken.
Für die Einlage die Zutaten zu einem Teig verkneten und kleine Eierkuchen backen, auf Küchenpapier abtropfen lassen. Dann in dünne Streifen schneiden. Vor dem Einlegen in die Suppe die Eierkuchenstreifen noch einmal in einer gebutterten Pfanne durchschwenken.

Café Egerländer in Marienbad um 1932

Forelle vom Grill

Spezialität im Café Egerländer, Marienbad

4 schöne große Forellen,
4 EL Schlagsahne, 4 EL Sonnenblumenöl,
1 gestrichener TL Salz,
1 gestrichener TL Paprika (edelsüß),
2 EL Weizenmehl,
2 EL Meerrettich, gerieben,
2 EL Reibekäse

Die Forellen innen und außen ausspülen, trockentupfen. Aus Schlagsahne, Öl, Salz, Paprika, Weizenmehl, Meerrettich und dem Reibekäse einen geschmeidigen Teig rühren. Die Forellen mit diesem Teig rundherum bestreichen und auf ein Backblech legen. In der vorgeheizten Backröhre bei 180 Grad mindestens 30 Minuten backen lassen.

Tipp für den Grill: Die Forellen einstreichen und auf eingeölte Alufolie legen, die Folie verschließen und auf dem Grill mindestens 30 Minuten bei Mittelhitze belassen.

Marienbader Rosinenkräpfelchen

30 g Hefe,
1/4 l lauwarme Milch,
500 g Weizenmehl,
60 g Zucker,
100 g zerlassene Butter,
4 Eigelb,
1 Prise Salz,
3 bittere und geriebene Mandeln,
100 g Rosinen, eingeweicht und abgetrocknet

Hefe in der Milch verrühren, zum Mehl geben und an einem warmen Ort zugedeckt eine halbe Stunde gehen lassen. Zucker, Butter, Eigelb, Salz, Mandeln und Rosinen dazugeben, gut verkneten. Noch einmal eine halbe Stunde stehen lassen, Mit zwei Esslöffeln Teigstücke abstechen und in siedendes Öl oder Backfett geben. Goldbraun backen, herausnehmen und abtropfen lassen. Noch warm in dem Zucker wälzen.

Diese historische Glückwunschkarte erhielt Martin Kuklinski zu seinem 13. Geburtstag. Marienbad um 1920

Hans Heiling bei Karlsbad und Elbogen

Karlsbader Rollbraten nach Martin Kuklinski

Dieses Essen ist eine Spezialität, die Martin Kuklinski sich bei seinen häufigen Besuchen in Karlsbad und den dortigen Restaurantküchen bei dem Karlsbader Hotelier, Anton Pössl, abgeguckt hatte. Er verfeinerte das Rezept und zu besonderen Familienzusammenkünften kam das leckere Gericht auf den Tisch.

1 kg Schweinebraten, Keule, 100 g Speck,
100 g rohen Schinken, 4 Eier, 100 g Butter,
2 Delikatessgurken, Mehl zum Binden der Soße

Das Fleisch einschneiden und plattieren (eine Klarsichtfolie auf das Fleisch legen und dieses so dünn wie möglich klopfen). Den Speck und den Schinken in hauchdünne Scheiben schneiden. Die Speckscheiben auf das Fleisch legen und dann die Schinkenscheiben darüber legen. Die Eier aufschlagen und in wenig Butter zu einem leichten Rührei braten lassen. Nach dem Erkalten das Rührei ebenfalls auf die Schinkenscheiben geben. Zuletzt die Gurkenscheiben auf das Rührei legen. Alles zu einer Rolle zusammenrollen, mit einem Bindfaden umwickeln und in heißer Butter anbraten. Immer wieder wenden und eine halbe Stunde vor dem Garendpunkt (nach ca. 60 Minuten) etwas Wasser über den Braten gießen. Bis zum Garendpunkt öfter wiederholen. Die Soße dann mit dem Mehl binden.

Marienbader Haferflockentorte

150 g Butter,
200 g Zucker,
1 Päckchen Vanillezucker,
3 Eier,
250 g Apfelmus,
etwas abgeriebene Zitronenschale,
350 g Haferflocken,
1 Päckchen Backpulver,
150 g Rosinen, vorher eingeweicht

Glasur
200 g Puderzucker,
3 EL Eierlikör

Die Butter, zerlassen und mit dem Zucker verrühren, dann nacheinander Vanillezucker, Eier, Apfelmus, abgeriebene Zitronenschale, Haferflocken, Backpulver und Rosinen zu einem Teig vermengen. In eine gefettete Springform füllen und bei 180 Grad ca. 30 Minuten backen.
Den Eierlikör leicht erwärmen und mit dem Staubzucker vermischen. Den Kuchen noch warm mit der Glasur bestreichen.

Anton und Karl Fassmann aus Budweis - Kochen aus Leidenschaft

Karl Fassmann (im Mantel), sitzend, rechts, um 1918

Matthias Opitz aus Sonneberg übersandte Fotos, alte Ansichtskarten aus dem Sudetenland und viele kopierte Seiten eines ungewöhnlichen handgeschriebenen Kochbuches. Dieses Buch besteht aus zwei Teilen und wurde von einem Buchbinder zusammengefasst. Es enthält die gesammelten Kochrezepte der beiden Brüder von Ernst Fassmann, dem Großvater von Matthias Opitz.

Herr Opitz, heute selbst 77 Jahre alt, kannte die beiden Brüder seines Großvaters mütterlicherseits nicht. Als er als junger Mann jedoch auf dem Boden des Hauses die Kiste mit den Erinnerungsstücken aus dem Sudetenland entdeckte, war seine Neugier geweckt und Großvater Ernst musste erzählen.

Ernst Fassmann (1901-1989) hatte zwei ältere Brüder, die beide in Wien bei dem damals sehr bekannten Küchenmeister Otto Zellinger zum Koch ausgebildet wurden.

Anton Fassmann vor dem Offizierskasino 1915

Anton Fassmann (1880-1929) war der Älteste und lernte von 1897 bis 1900 bei Zellinger im Südbahn-Hotel in Wien. Nach Ausbildungsende kochte er in verschiedenen Wiener Restaurants und Hotels. Dann begann der Erste Weltkrieg und Anton Fassmann war bis 1917 in Rumänien stationiert. 1920 fand der Koch Arbeit im Victoria-Kurhaus in Berchtesgaden, wo er acht Jahre lebte. Todkrank kehrte er 1929 mit Tuberkulose nach Budweis (České Budějovice) zurück, wo er bald darauf verstarb.

Der mittlere Bruder Karl Fassmann (1883-1944) absolvierte seine Lehre bei Zellinger im Südbahn-Hotel von 1900 bis 1903 und fand anschließend in Budweis als Koch eine Anstellung. Ab 1911 reiste er als Vertreter für die Konservenfabrik Seidel aus Finthen bei Mainz. Zwei Jahre später, also noch vor Ausbruch des Ersten Weltkrieges, arbeitete Karl Fassmann als Koch bei der Armee. Während des Krieges geriet er in russische Gefangenschaft, kam 1918 aus der Kriegsgefangenschaft frei und nahm anschließend seinen Beruf als Koch in Karlsbad und Umgebung wieder auf. Im Jahre 1921 zog er mit seiner Frau nach Guben, wo er bis 1932 in einem Hotel als Koch angestellt war. 1935 starb Karl Fassmann an einer Blutvergiftung.

Beide Brüder hatten keine Kinder. Das Kochbuch, das Karl Fassmann seit seiner Lehrzeit sorgfältig führte, schenkte seine Frau dem jüngsten der Fassmann-Geschwister nach der Beerdigung im Sommer 1935. Ernst Fassmann bewahrte das Buch gut auf. Vom Sudetenland reiste es mit ins thüringische Sonneberg.

Kaffeegarten des Soldatenheims Allenstein in Bukarest – Arbeitsstelle von Anton Fassmann 1917

Hefeplinsen (Liwanzen) nach Budweiser Art

Diese Spezialität lernte der Koch Karl Fassmann im Herbst 1920 in einem kleinen Hotel nahe Budweis kennen und machte sie zu seiner Leibspeise. Durch Zufall bekam er eine Arbeit in einem Gubener Hotel und führte die Hefeteigplinsen hier ein.
Binnen kurzem hatten viele Caféhausbesitzer diese Spezialität auf ihren Speisekarten stehen und in den hiesigen Eisenwarengeschäften gab es bald die so genannten Plinsensteine zu kaufen. Im Kochbuch vermerkte Karl Fassmann, dass es beim Eisenschulze (Eisenwarengeschäft in Guben) die besten Plinsensteine gäbe.

500 g ganz feines Weizenmehl, 1/4 l Milch, 2 Eier, 80 g Zucker,
1 Prise Salz, 1 Päckchen Trockenhefe,
Butter und Zucker zum Vollenden der Hefeplinsen

Das Mehl in eine Schüssel sieben. Die Hefe in lauwarmer Milch verrühren und in das Mehl geben. Die Eier, den Zucker und das Salz dazugeben. Den Teig rühren und auf die vorgeheizten und eingefetteten Plinsensteine streichen. Mit zerlassener Butter bestreichen und mit Zucker bestreuen, dann zusammenrollen und servieren.

Schwarzer Karpfen mit Nudeln – Budweis, Anton Fassmann

<u>Karpfen</u>
1 Karpfen für 4 Personen, etwa 2 kg schwer,
3 EL Salz,
1 großer Bräter mit Deckel und Einsatzsieb

Den ausgenommenen Karpfen in vier Stücke schneiden, waschen und auf das Einsatzsieb legen. Das Salz in das Wasser geben, welches beim Kochen nicht an das Einsatzsieb kommen darf. Die Karpfenstücke müssen 20 Minuten sprudelnd in dem Salzwasser kochen, dann erst ist der Fisch gar. Voraussetzung ist natürlich, dass der Deckel auf dem Bräter richtig abschließt. Die Stücke dann auf den Teller legen. Die Karpfensoße extra dazu reichen.

<u>Karpfensoße</u>
600 g Backpflaumen, entsteint,
1,5 l Wasser,
200 g Walnusskerne,
150 g Rosinen, 50 g Mandeln,
2 große Möhren,
1 Bund Petersilie,
1 Knolle Sellerie,
4 Lorbeerblätter,
je 5 Piment- und Pfefferkörner,
1 Prise Thymian,
2 TL Honig,
1 Zitrone (Saft und abgeriebene Schale),
2 Stück Soßenkuchen oder Pfefferkuchen

Backpflaumen im Wasser einweichen. Mandeln, Walnusskerne und Rosinen klein schneiden. Möhren, Petersilie und Sellerie waschen, putzen und ebenfalls klein schneiden. Alles im Backpflaumenwasser zum Kochen bringen. Die Gewürze dazugeben. Alles noch einmal aufkochen, dann mit einem Holzlöffel durch das Sieb streichen. Es schmeckt besser, wenn diese pürierten Bestandteile an die Soße kommen. Honig erwärmen und mit geriebenem Pfefferkuchen verrühren und ebenfalls an die Soße geben.
Zitrone ausquetschen, den Saft und etwas abgeriebene Zitronenschale an die Soße geben.

Originaltext :

„Die Soße soll einen süßlich-säuerlichen Geschmack haben und dick und glänzend sein. Die Soße wird extra gereicht, diese über den Karpfen zu gießen würde wenig sinnvoll sein, da der Fisch ja vom jeweiligen Esser erst entgrätet werden muss."

Marktplatz von Budweis

<u>Nudeln</u>

250 g Weizenmehl, 3 Eier, 30 g Butter

Das Weizenmehl auf den Arbeitstisch sieben, in die Mitte eine Vertiefung drücken. Die Eier hineingeben und alles zu einem festen Teig kneten. Dünne Fladen ausrollen, den Teig leicht antrocknen lassen. Die Fladen übereinander legen und in 30 mm breite Streifen schneiden. Die Nudeln im siedenden Salzwasser kochen. Die gekochten Nudeln im Küchensieb abbrausen und gut abtropfen lassen. In Butter in einem Tiegel dann wieder anschwenken und servieren.

Budweiser Blutwurstsuppe

150 g Speck, 1 Zwiebel, 1 l Schweineblut oder auch 1 kg Blutwurst, 4 Knoblauchzehen, Salz, Pfeffer, Majoran nach Geschmack, 100 g Graupen

Den Speck würfeln und in einem hohen Topf anbraten. Die Zwiebel feinwürflig schneiden und dazugeben, glasig dünsten. Das Schweineblut und die Gewürze zufügen und so lange erhitzen, bis alles fest ist. In einem anderen Topf 1,5 l Wasser zum Kochen bringen, die Graupen hineingeben und weich kochen. Dann mit dem Wasser zum Blut geben. Alles schön durchkochen und vorsichtig mit Salz abschmecken.

Bahnhof in Budweis – in der Nähe des Bahnhofs wohnten die Brüder Fassmann

Budweiser Kartoffelknödel, Anton Fassmann

Von mehreren Angehörigen längst verstorbener ehemaliger Köche, die in Gefangenschaft waren, ob im Ersten oder Zweiten Weltkrieg, besitze ich handgeschriebene Hefte oder lose zusammengeflickte Zettelsammlungen. Die Zettelsammlung von Koch Anton Fassmann wurde von den Verwandten später mit den Aufzeichnungen des Bruders zu einem Handkochbuch zusammengefasst.

500 g Kartoffeln,
100 g Grieß,
100 g Kartoffelmehl (Kartoffelstärke),
1 Päckchen Backpulver, 1 Prise Salz,
3 Semmeln

Die gekochten Kartoffeln erkalten lassen und reiben. Grieß, Kartoffelmehl, Backpulver, Salz und Ei zu einem geschmeidigen Teig verarbeiten. Stehen lassen und die Semmeln in feine kleine Würfel schneiden. In etwas Butter goldgelb rösten. Aus dem Teig acht Stücke schneiden und zu runden Klößen formen, in die Klöße geröstete Semmelwürfel drücken. Die Klöße in gesalzenes, sprudelndes Wasser legen und 15 Minuten sieden lassen, nicht kochen.

Küchentipps von Schwester Josepha Schaberth aus Olmütz

Schwester Josepha Schaberth
(1867-1931)

Mähren

Mähren – altes Einkehrhaus,
Schenke „Zum Grünen Baum".
Trommeln, Hörnerklang, Geraun,
die fahrenden Ritter kehren heim.

Vom Ast flattert ein trocknendes Hemd,
der Impressionist mischt weiche Farben,
im Schatten erblühten Apfelbaums
sitzt schweigend der Schäfer – Mähren.

Vítězslav Nezval

Der Arbeitsort von Schwester Josepha um 1910

Schwester Josepha Schaberth kam um 1900 von Saarbrücken nach Mähren. In einem kirchlichen Erholungsheim in der Nähe von Olmütz betreute sie die Heimgäste in deren Freizeit. Sie gestaltete bezaubernde Leseabende, bei denen sie in ihrer liebenswerten Aussprache Gedichte vortrug oder aus Büchern der umfangreichen Heimbibliothek vorlas. Da sie mehrere Musikinstrumente meisterhaft beherrschte, gab sie oft kleine Konzerte.

Doch sie interessierte sich nicht nur für die geistige Kost. Schwester Josepha träumte davon, ein Kochlehrbuch zu schreiben und zu gestalten. Beim Kaffee befragte sie regelmäßig die Köchinnen nach den verschiedensten Speisen und deren Zubereitung. Das Vorhaben fußte sogar auf einer sicheren finanziellen Basis – die findige Frau konnte für ihr Kochbuch mehrere Geschäftsleute in Hohenstadt und Mährisch-Kromau begeistern und als Geldgeber gewinnen. Schwester Josepha hatte keine Verwandten mehr und als sie 1931 plötzlich verstarb, gab es niemanden, der sich um ihre Hinterlassenschaft kümmerte. So verfuhr der Hausmeister und Kutscher des Erholungsheimes, August Kruschwitz (1858-1944), mit den Koffern auf seine Weise. Mehrere handgeschriebene Manuskriptbände für das Lehrkochbuch befanden sich in diesen Koffern – das Material wanderte in den Ofen. Lediglich die Haushalts- und Küchenempfehlungen übergab August Kruschwitz seiner Enkeltochter Hildegard Kruschwitz (1920-1997). Ihr ist es zu verdanken, dass wenigstens diese Unterlagen als bescheidenes Zeugnis von Schwester Josephas großem Vorhaben erhalten blieben. Hildegard Kruschwitz gab die Küchentipps 1988 ihrer Tochter Jutta weiter, zusammen mit einem Fotoalbum ihres Großvaters August Kruschwitz, in dem sich die für dieses Kapitel verwendeten Bilder fanden.

Aus Schwester Josephas gesammelten Küchentipps

• Dicke Soßen sollte man während des Erkaltens durchquirlen, sonst bekommen sie eine Haut.

• Zugedeckt darf keine heiße Speise erkalten, sonst sammeln sich im Deckel Dämpfe, tropfen herab und verdünnen die Speisen.

• Den nötigen steif geschlagenen Eischnee löffelweise unterheben, sonst wird die Speise flockig und nicht glatt.
Soll der Eischnee richtig steif werden, gibt man einen Teelöffel Zucker darunter.

• Die Flammerieform sollte man mit kalter Milch ausspülen, dann wird der Flammerie schön glänzend.

• Gerät ein Pudding nicht ganz aus der Form, sollte man die beschädigte Oberfläche mit gehackten Nüssen oder Mandeln bestreuen.

• Legt man unter die Backschüssel ein nasses Tuch, rutscht diese nicht mehr hin und her.

• Neue Backbleche werden gefettet und in den Ofen geschoben und nach einer Stunde bei 100 Grad wieder eingefettet, nur so backt der Kuchen nicht mehr an.

• Butter soll man in eine Schüssel geben und diese in eine andere Schüssel mit heißem Wasser stellen, nicht auf dem Herdfeuer zerlassen!

• Eidotter schlägt man erst in den Teig, wenn der Zucker dran ist, sonst wird der Kuchen glitschig.

• Rosinen und Korinthen werden nach dem Einweichen gut abgetrocknet, in Mehl gewälzt und über ein Sieb geschüttelt, dann erst in den Teig gegeben. Sie sinken dann nach dem Einfüllen in die Backform nicht auf den Boden des Teiges.

• Gebrühte Mandeln nach dem Abziehen sofort ins kalte Wasser geben, so werden sie nicht bräunlich.

• Schnelles und gleichmäßiges Rühren immer in ein und derselben Richtung des Teiges gibt eine Garantie, dass der Kuchen nicht streifig wird.

• Wenn der Teig beim Backen ungleichmäßig in die Höhe geht, muß man in den Kuchen eine oder zwei Makkaroni stecken, als „Schornstein“, um die Treibkraft des Teiges zu verteilen.

• Kuchen darf, wenn er aus dem Ofen kommt, nicht kalter Luft ausgesetzt werden, sonst fällt er wieder zusammen.

• Geht der Kuchen nicht aus der Backform, so lege man ein feuchtes Tuch um die Backform und dann stürze man den Kuchen auf ein Brett.

Sternberger Küchenrezepte von Adelheit Mediger

Adelheit Mediger 1913
in Augustusbad

(...) denn wir besitzen
von der Vergangenheit nur das,
was wir lieben.
Rainer Maria Rilke
(Aus dem Vorwort zur Erzählung „König Bohusch“)

Adelheit Mediger war eine kluge, belesene Frau. Kunst und Literatur gaben ihrem einsamen Leben einen Sinn. Besonders die deutschsprachigen Dichter des 18. und 19. Jahrhunderts hatten es ihr angetan. Sie besaß eine wertvolle Bibliothek mit ihren Werken.
Adelheit Mediger wurde 1880 in Sternberg (Sternberk) in Mähren als zweite Tochter eines Oberpflegers der Nervenheilanstalt geboren. Nach dem Besuch einer Hauswirtschaftsschule in Berlin arbeitete sie ab 1900 in verschiedenen Haushalten von Fabrikanten in und um Sternberg. Besonders die Gerichte, die sie nach Rezepten der heimischen Küche kochte, waren beliebt. Auf Grund ihrer hohen Allgemeinbildung galt die junge Frau bei Festlichkeiten auch als geschätzte Gesprächspartnerin.
Leider hatte sie keine Familie, ihr Lebensgefährte starb 1919 an einer Schussverletzung. Er hatte an einer verbotenen Versammlung teilgenommen. Als die tschechischen Behörden diese Zusammenkunft gewaltsam auflösten, kam es zu einer Schießerei. Adelheit Mediger, die zu dieser Zeit zu ihrem jährlichen Kuraufenthalt in Augustusbad weilte, erholte sich nur langsam von dem schweren Schicksalsschlag. Ihre angegriffene Gesundheit erlaubte es ihr ab 1920 nur hin und wieder als Aushilfe in verschiedenen gutbürgerlichen Haushalten zu arbeiten, umso mehr beschäftigte sie sich mit ihren Hobbys Kunst und Literatur. Im Jahre 1945 holte sie sich bei einem Brand im Schloss, in dem ein von ihr häufig besuchtes Museum untergebracht war, eine Rauchvergiftung, an deren Folgen sie 1946 verstarb.
Freundliche Nachbarn nahmen heimlich einige persönliche Dinge von Adelheit Mediger vom Behörden-LKW, bevor alles auf dem Müll landete, und bewahrten diese Erinnerungsstücke für den im thüringischen Eichsfeld lebenden Bruder von Adelheit Mediger auf. Ihre Bibliothek und die einzigartige Fotosammlung des Vereinsgeschehens im Sudetenland gingen leider verloren.
Celia Mediger, die Nichte von Adelheit Mediger, gab mir nach unserem Gespräch über die Vergangenheit nur leihweise das dicke handgeschriebene Kochbuch, denn es ist mit dem Foto die einzige Erinnerung an die aus glücklichen Kindertagen geliebte Tante.

Sternberger Schloss um 1900

Sternberger Schnitzel um 1930

4 Schweineschnitzel à 150 g, 1 EL Butter,
100 g Kochschinken, fein gewürfelt,
2 EL Erbsen (TK),
3 Eier, 1 EL Weizenmehl,
Fett zum Braten der gefüllten Schnitzel,
1 Zitrone, 1 Bund gehackte Petersilie,
4 Tomaten, Salz nach Geschmack,
Paniermehl

Schnitzel dünn klopfen, salzen und auf dem Küchenbrett bereit legen. In einem Tiegel die Butter zerschmelzen lassen, zwei Eier und die Erbsen darin zu einer fast festen Masse stocken lassen. Erbsenmasse auf die Schnitzelmitten geben. Die Schnitzel zusammenklappen und mit Zahnstochern zusammenstecken. Die gefüllten Schnitzel in Mehl, in verquirltem Ei und dann im Paniermehl wenden, die Pannade etwas festdrücken. Im Fett backen und auf Küchenpapier abtropfen lassen.
Auf jeden Teller eine geachtelte Tomate legen und das Schnitzel mit reichlich Petersilie bestreut dazulegen. Dazu gab es immer Bratkartoffeln mit reichlich Speck und Zwiebel gebraten.

Am Schwanenteich in Augustusbad 1905

Sternberger Mandel-Gänseleber in Schmalz, 1925

1 große Leber von einer Mastgans,
Milch nach Größe der Wässerungsschüssel,
50 g Mandelstifte,
4 Gewürznelken,
mindestens 500 g Gänseschmalz,
Salz nach Belieben

Die Leber gründlich waschen und von möglichen Gallespuren befreien. Einen Tag in eine Schüssel mit kalter Milch geben und an einem kühlen Ort bedeckt stehen lassen. Dann gründlich abtrocknen und mit den Mandelstiften bespicken, auch die vier Nelken mit einspicken und mit Salz einreiben. Im Schmalz eine gute dreiviertel Stunde vollkommen bedeckt dünsten, dann im Topf erkalten lassen und am anderen Tag stürzen und mit einem Messer, welches man beim Schneiden immer wieder ins heiße Wasser taucht, schneiden. Als Beilage frisches Schwarzbrot und kühles Bier.

Sternberger Kwaßsuppe, 1900

Dieses Rezept soll aus der Hussitenzeit stammen. Sternberg war 1269 von den Hussiten besetzt und seit dieser Zeit kochten die alten Gaststätten und Garküchen diese Speise aus Milch, Hefe, Eiern und Mehl.

100 g Pilze, am besten Pfifferlinge,
1/4 l Wasser,
1/4 l saure Sahne,
4 Eier,
30 g Butter,
1 Zwiebel, klein gewürfelt,
Salz und Kümmel nach Belieben

Grundkwaß
1/4 l Milch,
20 g frische Hefe oder 1 Päckchen Trockenhefe,
40 g Roggenmehl

Den Grundkwaß eine Stunde vor dem Garen warm (ca. Körpertemperatur 37 °C) ansetzen. Dafür die zerbröckelte Hefe in der leicht erwärmten Milch auflösen und das Mehl zugeben. Den leicht sämigen Teig zugedeckt an einen warmen Ort stellen.
Die geputzten Pilze waschen und schneiden, dann im Wasser mit Salz und Pfeffer aufkochen, den Kwaß dazugießen und die in Butter angeschwitzten Zwiebelwürfel dazugeben. Die saure Sahne mit den Eiern verquirlen und unter die nicht mehr allzu heiße Suppe geben.
In vielen Rezeptbüchern stand, dass auch eingeweichte Brotrinde in diesen flüssigen Kwaßteig kam. Kleingeschnittene, gekochte Kartoffeln und gehackte Petersilie bereicherten die Suppe.

Volks- und Bürgerschule Sternberg um 1930

Speisenwirtschaft in der Olmützer Straße in Sternberg um 1930

Sauerkrautsuppe,
Augustusbad 1919

Auch dieses Rezept hat eine eigene Geschichte. Wegen einer Lungenkrankheit fuhr Adelheit Mediger jedes Jahr zur Kur. Die Sauerkrautsuppe hat sie sich von der Köchin im Sanatorium in Augustusbad aufgeschrieben. Und zwar just an dem Tag (4. März 1919), als ihr Lebensgefährte von einer tschechischen Polizeikugel getroffen wurde. Immer wenn später diese Suppe gekocht wurde, fing Tante Adelheit an zu weinen.

1 Zwiebel,
1 EL Schweineschmalz,
1 kg frisches Sauerkraut mit Saft,
1/2 l Wasser,
250 g Bratwurst, scharf geräuchert,
1 EL Weizenmehl,
100 g saure Sahne,
nach Belieben: Salz, Paprika (edelsüß), Kümmel

In einem Topf die feingewürfelte Zwiebel in Schmalz dünsten, Paprika und das Sauerkraut mit Saft dazugeben, mit 1/2 l Wasser ablöschen.
Die in feine Würfel geschnittene Bratwurst in einem extra Topf anbraten, das Mehl darüber stäuben und zum Sauerkraut geben, durchkochen. Die Sahne dazugeben und alles aufkochen, würzen.

Mährische Heimat

Ein besonders stiller Sonntagnachmittag im Sommer bei uns auf dem Lande. Aus dem Hause ist alles ausgeflogen, die Spatzen in den Dachrinnen einzig ausgenommen. Im Garten herrscht die schönste Einsamkeit, lebendige, wonnige, atmende Ruhe. Feierlich breiten die Bäume ihre Zweige in die milde, regungslose Luft und trinken Sonnenschein. Die Vögel haben sich müde gesungen, kein einziges Stimmchen wird laut. Ich gehe langsam an den Laubengärten und zwischen Wiesen hin und kann den Fuß auf keine Stelle setzen, die nicht vor langer grauer Zeit, oder vor einer noch nicht so fernen, ein mir teurer Mensch betreten hat.
Sie alle haben den dankbaren, fruchtbaren Boden unserer Heimat geliebt, und wenn ich über ihn hinschreite, umgeben sie mich, die Erbin dieser Liebe, sie mir ins Dasein, ich ihnen in den Tod getreu. Die Erinnerung knüpft ihre feinen, starken Fäden, trägt mir liebe Bilder, liebe Worte zu. Auch manches begrabene Leid regt sich …

Marie von Ebner-Eschenbach

Rezeptverzeichnis

Leihgeber der Fotos, Ansichtskarten und Dokumente

Archiv Harald Saul, Gera
Familie Brandt, Zeulenroda
Familie Dietzsch, Gera
Familie Friedland, Chemnitz
Familie Kornfeld, Bielefeld
Familie Marianne und Jürgen Krause, Pößneck
Familie Kuklinski, Duisburg
Familie L. Lässing-Geinitz, Zeulenroda
Familie Mathias Opitz, Sonneberg
Familie Seidel, Auerbach im Vogtland
Familie Vetter, Gera
Familie H. Zeidler, Sonneberg
Jenny Funke, Gera-Dürrenebersdorf
Marianne Gäbler, Gera-Lusan
Jutta Kronenberg, Dresden-Freital
Elfriede May, Greiz
Celia Mediger, Schwarzenberg im Erzgebirge
Martha Meinel, Oelsnitz im Vogtland
Irma Schaar, Köln
Helieanne Schellmann, Gera

Mein besonderer Dank gilt Frau Pfretzschner und Frau Kapp aus Zeulenroda, Herrn Patzelt aus Gera, Herrn Nowotny und Frau Stolper aus Auma, die mir mit vielen Informationen halfen.

Literaturquellen

Uta Ackermann, Werner Fritsch, Böhmen. Ein literarisches Porträt. Frankfurt am Main/ Leipzig 1998.
Böhmen und Mähren. Herzland Europas, Stuttgart, Zürich 1996.
Michael Bussmann, Gabriele Tröger; Westböhmen & Bäderdreieck. Erlangen 2002.
Eva Gründel, Heinz Tomek; Tschechien, Köln 2002.
Lilian Schacherl, Böhmen, München 1977